櫻井雅英
Masahide Sakurai

Start Now

■はじめに■

6年ぶりにマイレージ攻略解説書「マイレージの超達人（ANA編）2020‐21年版」の発行と店頭販売を見届け、私は2020年1月中旬に次作（「マイレージの超達人（JAL編）2020‐21年版の取材で、米国と中欧に特典航空券を使って出かけました。帰国は約1ヶ月後の2月中旬でしたが、帰国直前には旅行先の欧州でも、中国で発生した新型コロナウイルスの感染者が少人数ながら発生し問題になり始めてはいました。日本も中国に近い国とのことで、私達アジア方面からの旅行者には現地のパスポートコントロールの役人達は、旅程経路に中国に立ち寄って渡来したことを懸念している程度にしか気に留めていませんでした。

帰国して2週間程経過し3月に入ると事態は一変します。直近の海外旅行で私も滞在したミラノは大量にコロナ感染者が発生することになり、あっという間に世界中に新型コロナウイルスの惨禍は拡大していきました。その後各国政府は旅行者の出入国制限を厳格に実施し、特段の事情がない限り個人旅行が大きく制限されてしまいました。本書執筆時点（2021年1月）でもその条件は緩和されていません。個人旅行者にとってはほぼ鎖国状態が続いています。

この状況を反映し世界中の航空業界は苦境にあえいでいます。各国で出入国の制約条件が厳しくなり、業務渡航も大幅に減少して、国際線は多くの路線が運航休止や減便になりました。特別な事情を除き、海外への個人旅行は事実上不可能に等しい状況です。一方日本国内でも2021年1月に再度緊急事態宣言が発出され、復活し始めていた国内線でも再度大幅な減便や一部路線が運休継続しています。政府の経済支援策「GO TOトラベル」も再開が延期されました。

このような状態が長引くにつれ、マイレージ利用者の皆様は大きな不安と失望を抱いていると思います。私もその一人です。そこでコロナ禍の中でユーザー自身がどのような対策ができるか整理してみようと企画したのが本書です。私がマイレージを利用し始めた1994年からすでに四半世紀が過ぎましたが、その間この様に航空業界が全世界的に困難な局面を経験したことはありません。旅行愛好家にとってまさに未曽有の危機的な状況です。マイレージ利用法も小手先の裏ワザが通用するとは到底思えません。ここはじっくり原点に立ち返り、自分のライフスタイルに見合ったマイレージとの付き合い方も再点検してみることにしましょう。

2021年3月

櫻井　雅英

目次

PART Ⅳ マイレージの基本情報を再点検

PART Ⅴ コロナ禍でのマイル旅行実践

【重要】本書掲載内容の情報変化とその利用について

本書で掲載している取材情報は全て公知の公開情報に基づいています。しかし新型コロナウイルスの感染拡大によって緊急事態宣言の発出が行われるなど、諸般の環境変化に伴なって航空会社の各施策や入出国の規制状況は非常に流動的であり、様々な変更が毎日のように告知されています。それに伴い読者が本書を利用される時点では記述内容の一部がすでに実勢にそぐわない箇所が発生することが予測されます。つきましては次の点に特にご留意の上、活用いただくことを切にお願いいたします。

●該当の公式サイトで最新情報を再確認

航空会社及びマイレージ提携各社の各種規約は、サイトのアドレスも含め都度変更が実施されております。特に運賃関連や航空券の取り扱いに関しては、該当する公式サイトを利用時点で最新サイトを検索の上、事前点検することを推奨させていただきます。

●海外渡航関連情報の注意

海外渡航に関しては２０２１年に入ってさらに情勢が激変しており、日々規制条件の変更が多発しております。従いまして本書の記載内容の一部には、今後の情勢変化に伴い、不一致が生じる可能性が多々ございます。その点は官公庁、在日各国大使館、航空会社等が発表している最新情報を参照及び問い合わせの上、利用下さい。

PART I

主要マイレージのコロナ対応

新型コロナウイルスの感染拡大に伴い、航空各社もマイレージや航空券予約などに特別な対応を実施しています。このパートではまず利用者自身のコロナ時代でのマイレージ対策を考える前に、発生から最近（2021年3月）までの我が国で利用者数の多いマイレージの航空会社が発表しているコロナ対応策を点検します。

コロナ禍でのマイレージの実状

新型コロナウイルスの感染拡大で世界中の航空業は大幅にダメージを受け、海外では一部の航空会社が経営破綻に陥ったのは報道でご承知の通りです。当然マイレージもこの余波を受け、利用環境が大きな影響を受けています。航空会社にとってマイレージ会員は最も大切なお客様ですので、その処遇には心を砕いており、様々な対応策を実施しています。まずは各社のホームページを閲覧するなどして、自分が利用しているマイレージの現在の状況を把握しておくことをお勧めします。会社によってその対応策には差がありますが、概ね次のような対応策が一般的です。

●期限切れとなるマイルの救済策

ほとんどのマイレージではマイルに有効期限があり、それを過ぎると失効して無価値になってしまいます。新型コロナウイルスによってマイルの最大の利用目的である特典航空券を使った旅行が制限されている環境において、期限切れになるマイルに対して、その救済策として期限の延長（半年から1年程度）を実施している会社がＡＮＡ等多数あります。ＪＡＬでは期限切れとなるマイ

●ポイント

①新型コロナウイルスの感染拡大に対応して、各マイレージでは各種の救済策が実施中。
②マイルや交換特典の期限延長などが主なコロナ救済策。
③ステイタスサービス資格の延長や獲得条件の緩和等も同時に実施中。

ルは交換特典のｅＪＡＬポイントとして提供しています。但し、延長の条件は各社異なり、会員がホームページ等で事前申請登録しないと延長されないケースもあるので注意が必要です。なおユナイテッド航空のマイレージの様に、マイル口座利用実績で自動延長され実質無期限にできるマイレージでは、この様な対応はしていないものがほとんどです。

●交換特典の期限延長

すでに交換済みのマイレージ交換特典としてのクーポン券（ＪＡＬクーポン等）やアップグレードポイント（ＡＭＣのプレミアム会員向け）等有効期限があるものについても、その有効期限を半年から1年程度延長しているマイレージがあります。そのほとんどはすでに入手したチケットをそのまま延長利用できる方法を採用しています。特典航空券はマイルの払い戻し規定をそのまま適用している会社と手数料免除の会社に分かれます。

●２０２０年度ステイタス会員資格の延長

前年の搭乗実績によって獲得する上級会員資格（サービスステイタス）について、２０２０年度に限り、その会員資格を２０２１年度もそのまま自動

◀羽田空港第1ターミナルビル 緊急事態宣言でターミナルの一部は閉鎖中。（２０２１年2月）

延長しているマイレージ（ＡＮＡ等）が多数あります。この対応策は２０２０年度に限定された措置となっています。

●ステイタス会員資格獲得条件の緩和

実際の搭乗実績の多寡によって獲得できる上級会員資格（サービスステイタス）について、その獲得条件を２０２０年度（獲得資格の行使は２０２１年度）と２０２１年度（獲得資格の行使は２０２２年度）の両方または２０２１年度だけに限定で条件緩和の対応を行っているマイレージが多数あります。但し前年度の有資格者と新たに新年度で初めて資格獲得を目指す一般会員では、この条件緩和策には差があります。２０２１年度に一般会員向けの緩和策としては、ＪＭＢではＪＡＬカード会員向けの初回搭乗でのＦＯＰボーナスポイントや、ＡＭＣの様に２０２１年度は「プレミアムメンバーステイタス獲得チャレンジ２０２１」として自社関連サービスの利用実績を加えることで従来の獲得条件（搭乗実績）が少なく済むキャンペーンを実施する会社もあります。

●ラウンジ利用など

ステイタス会員のメリットである、空港内にある航空会社専用ラウンジの

◀ANA PREMIUM CHECK-IN（羽田空港第2ターミナル）優先搭乗口も以前に比べがらがらでした。（２０２０年12月）

利用ですが、新型コロナウイルスの問題が起きてから、複数のラウンジがある大空港ではその一部が閉鎖されたり、ラウンジ内でサービス内容（シャワールームや飲食メニュー等）が変更されていたりしています。それに対しての特段の対応（代わりの手段の提供）は、ホームページ上での告知から見て、あまりなされていないようです。国内地方空港の小さなサイズのラウンジは、最近は会員も増えて出発便の時間帯によって満席で密になる空間でしたから、個人的な感想ではコロナ対策としては敬遠した方が良いと思います。

●その他航空券の予約変更・払い戻しなど

新型コロナウイルスの影響で旅程を変更するに際し、航空券の予約変更や払戻しに関して手数料の免除など各種の特別な対応をしている航空会社があります。但し航空券の購入先、予約期間、発券日、購入期間など条件があり、航空会社によってその内容は異なります。一部はすでに期間が終了している場合もあります。国内各社の特典航空券は交換特典として別の扱いになっていますが、米国系航空会社では一般航空券と同列の扱いです。一部航空会社は差額が電子バウチャーでの払い戻しとなる場合もあります。

◀羽田空港国内線ＡＮＡラウンジ
国内線ラウンジはそこそこ利用客がいました。（２０２０年12月）

国内マイレージのコロナ対応①

日本航空（ＪＡＬマイレージバンク（ＪＭＢ））

日本航空は国内の航空会社で初めてウイルス保険「**ＪＡＬコロナカバー**」**をすべてのＪＡＬ海外路線便搭乗者（特典航空券利用者も含む）に無償提供**を２０２０年12月から開始するなど、意欲的なコロナ対策が目立ちます。マイレージ関連でもクーポン特典の有効期限も延長するなど、手厚い対応策が幅広く実施されています。

⑴マイルとｅＪＡＬポイントの有効期限関連

有効期限を迎えるマイルとｅＪＡＬポイントの取り扱いについて

●２０２０年10月１日〜12月末日までの有効期限分

有効期限１年間のｅＪＡＬポイントを積算。事前登録（締切：２０２０年12月31日（木）23:59（日本時間）まで）が必要。

●２０２１年１月１日から３月末日までの有効期限分

一律有効期限２０２２年１月末のｅＪＡＬポイントを積算。事前登録（締切：２０２１年３月31日（水）23:59（日本時間）まで）が必要。

●ポイント

①コロナ感染拡大期に期限を迎えるＪＭＢマイルとｅＪＡＬポイントは全てｅＪＡＬポイントでの救済。
②２０２０年度サービスステイタス有資格者は、２０２１年度も特例的に自動延長。
③２０２２年度供与の資格獲得条件は、２０２１年有資格者にはＦＯＰのボーナスポイントが付与。

特記事項：ＪＡＬカード家族プログラム、ＪＡＬファミリークラブに入会済みの会員は、事前登録は**会員個別に登録する必要**があります。ＪＡＬではマイルとｅＪＡＬポイントの失効対応としては、両方とも**ｅＪＡＬポイントでの対応となり、マイルのかたちでの有効期限の延長はされません。また失効する前に事前申請する必要**があり、一部はすでに終了しています。２０２０年12月までに申請した方は２０２１年１月移行の再登録は不要です。

(2)ＪＡＬクーポン券の有効期限について

２０２０年４月30日～２０２１年３月31日までの有効期限のＪＡＬクーポンは２０２１年４月30日まで延長されます。クーポンはそのまま延長利用できます。

(3)上位会員関連について

①２０２０年度ＦＬＹ ＯＮ ステイタス（有効期限：２０２１年３月末）を、２０２１年度（有効期限：２０２２年３月末）まで１年間延長。

２０１９年１月～12月の搭乗実績で２０２０年度のＦＬＹ ＯＮ ステイタスを達成したＪＡＬマイレージバンク会員は２０２０年度 ＦＬＹ ＯＮ ステイタス（有効期限：２０２１年３月末）を、２０２１年度（有効期限：２０２２年

◀羽田空港第１ターミナル展望台
欠航や運休で空港内に駐機する航空機が目立ちます。（２０２１年２月）

3月末）までの1年間延長されます。会員自身が申請する必要はなく自動的に延長となります。次のサービスは、ステイタスの延長対象者は対象外です。

JMBダイヤモンド・JGCプレミア　サービスセレクション2021。但し2020年1月~12月の搭乗実績により、2021年度（有効期限：2022年3月末）のJMBダイヤモンドまたはJGCプレミア　ステイタスを達成した方は、通常どおりの対象。JMBダイヤモンド・JGCプレミア　サービスセレクション2021の詳細は、11月下旬頃の案内。さらにJMBダイヤモンド・JGCプレミアサービスセレクション2020にて、パートナーステイタスコースを選択の会員は、提供中のパートナーステイタスは、2021年度（有効期限：2022年3月末）まで延長。

②2021年度FLY ONプログラムでのFLY ONステイタス保持者へのボーナスFLY ONポイント加算

2021年1月から開始となった新年度のFLY ONプログラム（サービス提供は翌2022年度分）では、前年度（2020年度）の実績で獲得したステイタスを保持する2021年度FLY ONステイタス会員に対し、会員のランクに応じてボーナスFLY ONポイントが付与されます。

2021年度FLY ON ステイタス会員対象
ボーナスFLY ON ポイント

達成ステイタス	ボーナスFLY ON ポイント数
JMBダイヤモンド	40,000FLY ON ポイント
JGCプレミア	28,000FLY ON ポイント
JMBサファイア	15,000FLY ON ポイント
JMBクリスタル	8,000FLY ON ポイント

特記事項：2021年度のFLY ONステイタスの資格保持会員には翌年の2022年度の資格獲得が優遇されます。新たに資格獲得する一般会員にはこのような優遇策はありませんが、JALカードのキャンペーンで2021年度も前年に引き続き初回搭乗時に5,000FOPがボーナスポイントとして加算されるのは注目すべきJALカード会員の優遇策です。

(4)航空券の変更、キャンセル等について

①国内線

●予約変更・払い戻し（特別対応）

①2021年1月8日〜2月7日搭乗分（2021年1月8日以降の変更・払い戻し分）と2021年2月8日〜3月7日搭乗分（2021年2月3日以降の変更・払い戻し分）のJAL国内線全路線及び2021年3月8日〜3月21日搭乗分（3月6日以降の変更・払い戻し分）の東京（羽田・成田）発着便は、対象変更・払戻に伴う手数料（取消手数料・払い戻し手数料）無料で可能です。なお変更は搭乗日＋30日または航空券の有効期間のどちらか長い方。

②2020年10月25日〜2021年3月27日搭乗分の対象運賃（ウルトラ先

◀羽田空港第1ターミナル出発便の掲示板で全部が欠航になっていました。（2021年2月）

得、スーパー先得、先得割引タイプA・B、特便割引1・3・7・21、乗継割引7・28）を、2020年9月7日9:30～2021年3月27日までに新規で購入した場合と2021年3月28日～6月30日搭乗分の対象運賃を2021年3月8日～6月30日までに新規に購入した場合は、搭乗中止での払い戻しが、本来必要な取消手数料不要で払い戻し手数料（440円）だけで可能です。

特記事項：②の対応はANAでは取消手数料が発生するケースがあるのに比べ、JALに関しては払い戻し手数料（440円）だけで済む点が有利です。

●株主割引券・株主ツアー割引券の有効期間延長

有効期間が2020年5月31日～2021年5月31日の株主割引券は有効期限が1年間から1年半に延長され、そのまま延長期限まで利用できます。さらにツアー割引券の有効期限も2019年5月発行分と2019年11月発行分が2021年3月31日までに、2020年5月発行分と2020年11月発行分が2021年11月30日までに延長されました。

②国際線

●搭乗日の変更・有効期限の延長・払い戻し（特別対応）

株主割引券
SF
JAPAN AIRLINES
日本航空
JALグループ国内全路線にご利用いただけます。
【有効期間】
2020年6月1日ご搭乗分から
2021年5月31日ご搭乗分まで
日本航空株式会社
Japan Airlines Co.,Ltd.
株主割引航空券購入時に赤枠のスクラッチ部分を削ってご利用ください。強く削り過ぎないようご注意ください。
①発券用コード
②発券用バーコード

◀JAL株主割引券
株主割引券の有効期限も延長されています。

対象航空券A：搭乗日が2020年2月28日～2021年4月16日で2020年6月11日発券分までのJAL国際線航空券：

①**変更**：1回のみ無料で搭乗日の変更（2021年7月10日まで）が2020年12月17日以降可能です。JMB提携航空会社特典航空券／ワンワールド特典航空券には、前記期間かつ発券日より1年以内の日付に限定です。

②**有効期限の延長**：発券日から1年もしくは2021年3月31日の早い方の日付まで、代替便期限内（2021年7月10日まで）であれば、航空券の有効期限を超えた旅程でも予約できます。。JMB提携航空会社特典航空券／ワンワールド特典航空券はこの対応は対象外です。

③**払い戻し**：手数料不要で払い戻しが可能。特典航空券の払い戻しについては、払い戻し時点で有効期限が切れているマイルも含め、払い戻しされます。取り消しは出発前日まで手続き可能。

対象航空券B：2020年6月11日～2021年3月31日までに発券された、国際線運賃すべて（インドネシア発日本行き運賃は2020年10月30日～2021年3月31日発券分が対象、日本発ニューカレドニア行き運賃は除く）は何回でも無料で搭乗日の変更が可能。

◀羽田空港第3ターミナルJAL国際線カウンター
就航路線が大幅に少なく閑散としています。（2021年2月）

国内マイレージのコロナ対応②

全日本空輸（ANAマイレージクラブ（AMC））

⑴マイルの有効期限関連

有効期限を迎えるマイル取り扱いについて

●2020年3月31日から2021年2月28日までに有効期限を迎えるマイル

2021年3月31日までマイルの有効期限を延長。申請は不要。

●2021年3月31日から2021年8月31日までに有効期限を迎えるマイル

2021年9月30日（木）までマイルの有効期限を延長。一度、2021年3月31日まで有効期限が延長になったマイルについてもこの延長の対象となるが、事前登録申請が必要。

特記事項：JMBと異なりAMCではマイルが最長1年6ヶ月延長される救済策です。但しマイルから交換済みの特典（特典航空券、ご利用券、その他クーポンなど）を、不可抗力または会員の都合により払い戻した場合、払い戻し手続き時点で有効期限が過ぎているマイルは、この対応の対象外です。

●ポイント

①コロナ感染拡大期に期限を迎えるAMCマイルはマイルのカタチのまま延長救済。
②コロナ感染拡大期に期限を迎えるANA SKYコインも延長救済。
③2020年度サービスステイタス有資格者は、2021年度も特例的に自動延長。

(2) 交換特典の有効期限について

① ＡＮＡ ＳＫＹコイン

●２０２０年３月31日から２０２１年２月28日までに有効期限を迎えるコイン

２０２１年３月31日までＡＮＡ ＳＫＹコインの有効期限を延長。申請は不要。

●２０２１年３月31日から２０２１年８月31日までに有効期限を迎えるコイン

２０２１年９月30日（木）までマイルの有効期限を延長。一度、２０２１年３月31日まで有効期限が延長になったコインについてもこの延長の対象となるが事前登録申請が必要。

特記事項：ＡＮＡ ＳＫＹコインの有効期限が最長1年6ヶ月延長される救済策です。交換特典のＡＮＡ ＳＫＹコインの有効期限は特典交換を行った日の1年後の同月末です。ＪＭＢのｅＪＡＬポイントとの機能比較では、ＡＮＡ ＳＫＹコインは追加で特典交換しても、その前の時点での残高分の有効期限の更新はできません。マイルとの交換率も会員区分や会員カードの種別や交換数で1マイル＝1コイン～1・7マイルと異なります。

◀羽田空港国内線第2ターミナルビル
緊急事態宣言でターミナルの一部は閉鎖中（２０２１年２月）

②ＡＮＡご利用券

●新型コロナウイルス対策でのＡＮＡご利用券の扱い

ホームページ上では新型コロナウイルス感染対策での有効期限の延長など特段の対応は掲載されていませんが、担当窓口へ問い合わせの結果、未使用分は1枚につき5、000マイルで払い戻し交換となるそうです。

(3)上級会員関連について

①２０２０年度メンバーステイタス延長ならびにプレミアムメンバーサービスの一部有効期限延長

２０１9年1月～12月の搭乗実績で２０２０年度のプレミアムメンバーステイタスを達成したＡＭＣマイレージクラブ会員の方は２０２０年度プレミアムメンバーステイタス（有効期限：２０２1年3月末）を、２０２1年度（有効期限：２０２2年3月末）までの1年間延長されます。会員自身が申請する必要はなく自動的に延長となります。但しダイヤモンドサービスの「ダイヤモンドサービス」メンバー限定選択式特典、「ダイヤモンドサービス」メンバーオリジナルネームタグ、１５０、０００プレミアムポイント限定特典とプラチナサービス８０、０００プレミアムポイント限定特典は対象外です。

◀ＡＮＡご利用券
コロナ特別対応でマイルへの払い戻しが可能。

但し2020年度で同様の実績があった会員はこの限りではありません。

②2021年ボーナスプレミアムポイント

AMC会員向けに2021年度はボーナスプレミアムポイントが実施されます。下段別表にある通り、会員のステイタスに応じたポイントが自動的に付与されます。ステイタスがない一般会員も2021年1月〜12月のマイル積算運賃での初回搭乗で3,000ポイント獲得可能です。

③2021年春プレミアムポイント2倍キャンペーン

2021年3月22日から6月30日までの期間にANAおよびANAグループ運航の国内線全路線（提携航空会社が運航するコードシェア便はANA（NH）便名で予約・搭乗した場合のみ）にマイル積算率75％以上の国内線運賃で搭乗した場合はプレミアムポイントが2倍になります。事前登録不要です。

④アップグレードポイントと「ANA SUITE LOUNGE」ご利用券

●2020年度アップグレードポイントの有効期限延長

2021年3月末までに未使用のアップグレードポイントは一度失効した後、2021年4月下旬頃に、2022年3月31日の有効期限として同数の

2021年AMCボーナスプレミアムポイント付与数一覧

2021年度会員スタイタス	ボーナスポイント
ダイヤモンド	40,000
プラチナ	15,000
ブロンズ	8,000
上記以外のAMC会員＊	3,000

＊2021年度マイル積算運賃で初回搭乗に対し付与

アップグレードポイントが積算されます。2020年度アップグレードポイントを所持する会員全てが対象で、事前申請は不要です。2021年4月以降の搭乗日に対するアップグレードに対し、2020年度のアップグレードポイントを利用したい場合は、2021年4月下旬以降に申込可能となります。

●2020年度アップグレードポイント

2020年1月~12月のANAグループ便の搭乗実績により積算となります。

●2020年度「ANA SUITE LOUNGE」ご利用券有効期限延長

2021年3月末までに未使用の「ANA SUITE LOUNGE」ご利用券の有効期限を、2022年3月31日まで1年間延長。2020年度「ANA SUITE LOUNGE」ご利用券をそのまま使うことが可能です。

⑤プレミアムメンバーステイタス獲得チャレンジ2021

今まで実際の搭乗実績のプレミアムポイントでしか獲得できなかったプレミアムメンバーステイタスをキャンペーンの諸条件を満たすことで、今までよりも少ないポイント数で獲得できる2021年度の限定でのキャンペーンです。

獲得条件は下段別表を参照して下さい。

特記事項：新型コロナウイルスで搭乗機会が減少した分を、ANA関連のサービスを利用することで従来よりも少ないポイント数でもステイタスを

AMC プレミアムメンバーステイタス獲得チャレンジ2021　獲得条件比較

	ブロンズ	プラチナ	ダイヤモンド		ダイヤモンド+More
通常の必要プレミアムポイント数（ANAグループ運航便ご利用分）	30,000（15,000）	50,000（25,000）	100,000（50,000）		-
条件1　プレミアムポイント数*1（ANAグループ運航便利用分）	15,000	30,000	50,000	80,000	150,000
条件2　対象サービスの利用数*2	4サービス以上	7サービス以上	7サービス以上	4サービス以上	7サービス以上
ANAカード・ANA Payの決済額*3	400万円	600万円	600万円	400万円	600万円

*1:対象期間　2021年1月1日～2021年12月31日
*2,3:対象期間　2020年12月16日～2021年12月15日

獲得できるキャンペーン。但しANAカード会員であることが必須条件です。また年間利用額の条件は対象ANAカード1枚での達成額で、複数のカードの利用額の合算は対象とはなりません。

(4)航空券の変更、キャンセル等について

①国内線

●予約変更・払い戻し（特別対応）

2020年6月26日以降に2020年7月1日から2021年3月31日搭乗分の対象運賃（日本国内線）新規で購入すると、最大355日先の便への変更（区間変更を含む）が、変更に伴う手数料（取消手数料・払戻手数料）無料で可能です。対象はANA国内線全路線のANA VALUE PREMIUM 3、ANA SUPER VALUE PREMIUM 28、ANA VALUE 1/3、ANA SUPER VALUE 21/28/45/55/75/SALE、ANA VALUE TRANSIT、ANA VALUE TRANSIT 7/28の各運賃航空券。便出発前で同種対象運賃へ変更でのみ可能となります。予約変更による運賃の差額については、変更後の運賃の方が高額になる場合には差額の支払いが必要で、反対に運賃が安価になる場合には差額が返金さ

プレミアムメンバーステイタス獲得チャレンジ2021　達成条件の対象サービス一覧

	サービス名	達成条件
1	ANAのふるさと納税	対象期間中に寄附
2	ANAの保険	サービス利用でのANA SKY コイン付与
3	住まい de MILE	対象サービスのいずれか利用
4	ANA STORE @SKY 国際線機内販売	ANA STORE@SKY、はがきでの購入（国内線）国際線機内販売
5	空港内店舗（空港売店・空港免税店）	全国34空港の「ANA FESTA」店舗とANA DUTY FREE SHOPでの利用
6	ANAショッピング A-style	商品購入時にマイル積算と出荷済み
7	ANAトラベラーズ	対象期間内に利用とマイル積算
8	ANAマイレージモール	期間内にモール経由で利用とマイル積算
9	ANAカードマイルプラス	対象期間内での利用とマイル積算
10	ANAマイレージクラブ モバイルプラス	対象期間中に入会または契約継続
11	マイルが貯まる その他加盟店	対象期間内の利用でのマイル積算

れます。通常は変更不可の割引タイプ運賃の国内線航空券でも便出発前なら、払い戻しをしないで変更可能で、区間変更も可能であることが特例なコロナ対策です。但し取り消して払い戻す場合は取消手数料かかる点でＪＡＬの国内線航空券のコロナ救済策とは異なります。

その後２回目の緊急事態宣言後に２０２１年１月８日〜２０２１年３月７日搭乗分の国内全路線航空券（国内特典航空券含む）と２０２１年３月８日〜３月21日（東京（羽田・成田）発着便国内航空券（国内線特典航空券含む）は手数料無料で変更・払い戻しができるようになりました。

●株主優待券の有効期間延長

有効期間が２０１９年12月１日〜２０２０年11月30日の株主優待券は２０２１年５月31日まで延長。有効期間が２０２０年６月１日〜２０２１年５月31日の株主優待券は２０２１年11月30日まで延長となっています。

②国際線

●航空券の払い戻し（特別対応）

日本発着全路線の航空券で発券日が２０２１年２月９日発券分までかつ搭乗日が２０２０年２月26日〜２０２１年６月30日分の国際線航空券（航空券番号が

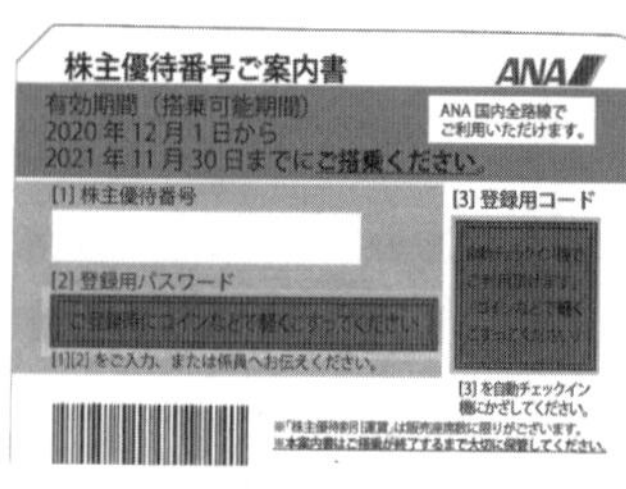

◀ＡＮＡ株主優待券（株主優待番号ご案内書）株主優待番号ご案内書の有効期限も延長されています。

２０５で始まる航空券や国際航空券にて発券された国内単独旅程（ＡＮＡＤｉｓｃｏｖｅｒ ＪＡＰＡＮ ＦＡＲＥ等）も対象）の有償航空券は、受付期限は出発の24時間前でＡＮＡ公式サイト予約確認画面の「解約」ボタンより手数料無しで払い戻し申請が可能。また特典航空券もＡＮＡ電話窓口にて手数料マイル無しで最新口座（有効期限切れマイルを含む）への払い戻しとなります。

●搭乗日の変更（特別対応）

前述の払い戻しと同じ対象航空券は、２０２１年７月10日までの期間内で「１回のみ」搭乗日の変更が可能です。また特典航空券もＡＮＡウェブサイトからログインの上、予約変更が可能です。差額マイルや追徴料金が発生する場合は、ＡＮＡ電話窓口にて変更することになります。従来変更不可の事前購入タイプの割引運賃の国際線航空券でも変更できる点が大きなメリットです。ただし国内線航空券と異なり、キャンセルして払い戻しについての特例は設定されていません。

●提携会社特典航空券の制限

２０２０年６月15日よりシンガポール航空当局（Ｃｉｖｉｌ Ａｖｉａｔｉｏｎ Ａｕｔｈｏｒｉｔｙ ｏｆ Ｓｉｎｇａｐｏｒｅ）の制限により、シンガポール航空（ＳＱ）運航便を含む特典航空券は利用できなくなっています。

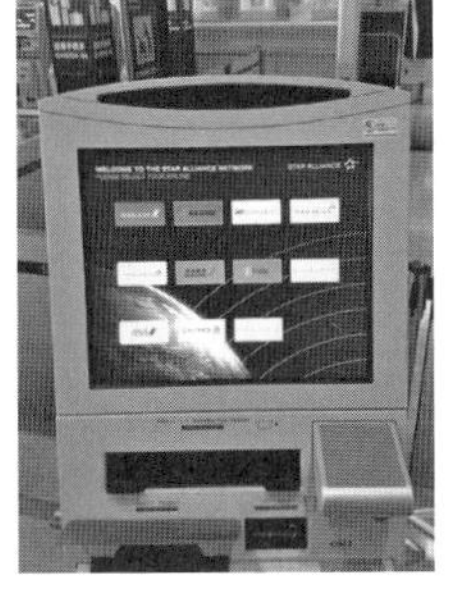

◀成田空港第一ターミナル・スターアライアンス搭乗手続き機
現在就航していない航空会社のマークが点灯していません。（２０２１年２月）

国内マイレージのコロナ対応③
スターフライヤー（STAR LINK）

(1)マイルの有効期限関連

２０２０年12月31日に有効期限を迎える保有マイルについて有効期限が1年間延長となります。対象のマイルは一度失効した後２０２１年1月7日に２０２１年12月31日を有効期限とした同数のマイルが自動積算され申請不要です。

(2)上位会員関連について

①２０２０年度会員ステイタスの次年度継続（１年延長）

２０２０年度会員ステイタス（２０１９年1月～12月の1年間で判定）は、２０２１年度（２０２１年4月～２０２２年3月）も継続適用となり、上位のステイタスを獲得した場合は上位ステイタスの適用となります。

②２０２１年度会員ステイタス獲得条件の緩和

２０２１年度会員ステイタスの獲得条件が緩和されます。ＶＥＧＡ会員（30回⇒20回）、ＡＬＴＡＩＲ（10回⇒7回）

③ＶＥＧＡ会員限定向けボーナスマイルプレゼント

２０２０年度ＶＥＧＡ会員（２０１９年1月～12月に30回以上搭乗）にも

●ポイント

①２０２０年12月31日に有効期限を迎える保有マイルについて有効期限を１年間延長。
②２０２０年度会員ステイタスは、２０２１年度は継続適用。
③２０２１年度会員ステイタスの獲得条件が緩和。

遡及的に適用し、2020年5月上旬頃にボーナスマイルをプレゼント。搭乗回数で獲得できるボーナスマイルは下段別表の通りです。

(3) 航空券の変更・払い戻しについて

① スターフライヤー国内線全航空券（国内線特典航空券含む）

2度目の緊急事態宣言が発出されたことに伴い、新型コロナウイルス感染拡大による航空券の特別対応は2021年1月8日〜2021年3月7日の搭乗分は国内線全路線と2021年3月8日〜2021年3月21日の東京発着路線の航空券（特典航空券含む）の変更と払い戻しは手数料無料です。

② スターフライヤー全国際路線航空券

搭乗日が2021年10月30日までかつ発券日が2021年2月4日分までの国際線航空券は、予約便の払い戻しを手数料なしで可能。払い戻しは予約便出発予定日から30日以内の手続きとなり、また予約便の変更は2022年1月31日（木）までの期間が対象です。

(4) 株主優待券の有効期間延長

有効期間が2019年6月1日〜2020年5月31日の株主優待券は2020年11月30日まで延長。有効期間が2016年12月1日〜2021年5月31日の株主優待券は2021年11月30日まで延長となっています。

2021年STARLINK VEGA会員ボーナスマイル

搭乗回数 1月1日〜12月31日	ボーナスマイル
30〜34回	500
35〜49回	2,000
50〜69回	2,500
70〜99回	3,500
100回以上	5,000

国内マイレージのコロナ対応④
ソラシドエア（ソラシドスマイルクラブ）

⑴マイルの有効期限関連

２０２０年２月29日～２０２１年３月31日に有効期限を迎える保有マイルは一度失効した後、同数のマイルを原則翌月１日に自動積算となり、積算したマイルの有効期限は再積算日から１年間。

⑵上位会員ソラシドファーストメンバーズ関連について

①２０２０年度ソラシドファーストメンバーズの次年度継続（１年延長）

２０２０年度のソラシドファーストメンバーズ（２０１９年１月～12月の１年間で判定）は、２０２１年度（２０２１年４月～２０２２年３月）もソラシドファーストメンバーズを継続適用となります。なおソラシドファーストメンバーズ継続に伴うボーナスマイルの付与は適用されません。

②２０２１年度ソラシドファーストメンバーズ獲得条件の緩和

２０２０年１月１日から２０２０年12月31日までの期間で判定する２０２１年度ソラシドファーストメンバーズの獲得条件である年間（２０２０年１月～12

●ポイント

①２０２０年２月29日～２０２１年３月31日に有効期限を迎える保有マイルは一度失効した後、同数のマイルを原則翌月１日の再積算日から１年間の自動積算。

②２０２０年度のソラシドファーストメンバーズは、２０２１年度もソラシド ファーストメンバーズを継続適用。

③２０２１年度ソラシドファーストメンバーズ獲得条件は回数条件を緩和。

月）の搭乗回数が20回以上かつＳｏｌａｓｅｅｄ Ａｉｒゴールドカード会員であることの内、搭乗回数が10回以上に緩和となりました。搭乗回数についてはマイルが積算された搭乗回数が対象です。

(3)航空券の変更・払い戻しについて

２度目の緊急事態宣言が発出されたことに伴い、新型コロナウイルス感染拡大による航空券の特別対応は２０２１年１月８日～２０２１年３月７日の搭乗分は国内線全路線航空券（特典航空券含む）と２０２１年３月８日～２０２１年３月21日搭乗分は対象路線限定での変更と払い戻しは手数料無料です。

(4)株主優待券の有効期間延長

有効期間が２０１９年９月１日（日）から２０２０年８月31日（月）までの株主優待券は２０２１年２月28日まで延長となっていて、そのまま延長利用できます。

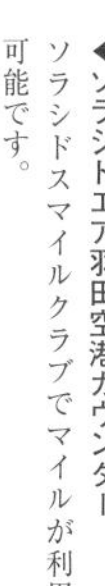
◀ソラシドエア羽田空港カウンター
ソラシドスマイルクラブでマイルが利用可能です。

国内マイレージのコロナ対応⑤
エアドゥ（DOマイル）

エアドゥではポイントサービス「DOマイル」を実施していて、ポイントで無料航空券が獲得できます。

(1) マイル（AIRDOポイント）の有効期限関連

2020年2月1日～2021年3月31日に有効期限を迎えて失効した「ポイント」については、翌々月中にポイントが再積算され、再積算したポイントの有効期限は6ヶ月後の月末となります。「DOマイル特別対応」として再積算されます。事前の申請登録は不要です。

(2) 航空券の変更・払い戻しについて

コロナ感染拡大による航空券の特別対応は2021年1月8日～2021年3月7日の搭乗分は国内線全路線航空券（特典航空券含む）と2021年3月8日～3月21日搭乗分は羽田発着路線の変更と払い戻しは手数料無料です。2020年8月6日から2021年3月27日搭乗分の対象運賃での予約便の変更（区間変更を含む）は手数料（取消手数料・払い戻し手数料）無料となります。変更での差額がある場合は追加または返金となります。

●ポイント

① 2020年2月1日～2021年3月31日に有効期限を迎えて失効した「ポイント」については、翌々月中にポイントを「DOマイル特別対応」で再積算され、再積算のポイントの有効期限は6ヶ月後の月末。
② 「ポイント」で無料航空券が獲得でき、家族以外の方にも使わせることが可能。
③ コロナ感染拡大による航空券の特別対応で対象期間限定で変更と払戻しは手数料無料。

海外マイレージのコロナ対応①
デルタ航空（スカイマイル）

日本語版の公式サイトで新型コロナウイルス感染関連のトピックが、海外航空会社の中では最も詳細で多岐にわたって解説されています。但し対策の一部は北米発等の限定事項がある点に注意が必要です。スカイマイルではマイルの有効期限は元々無期限なので変更はありません。

⑴上位会員関連について

●2020年のステイタスの期限延長

2020年のメダリオン会員資格が2022年1月31日まで1年間延長されます。ステイタスが延長されたダイヤモンドおよびプラチナメダリオン会員は、2021年2月1日以降に2021年のチョイスベネフィットを選択可能です。デルタ360会員資格所持会員は1年更新の本プログラムも2022年1月31日まで1年間延長利用できます。

●メダリオン会員特典の期限延長

①チョイスベネフィットとして選択された、当初の有効期限が2020年3月

●ポイント

①2020年のメダリオン会員資格が2022年1月31日まで1年間延長。
②メダリオン会員特典は、種類によって期限延長の設定がある。
③2020年のメダリオン会員資格取得必要マイル（MQM）が全て2021年まで繰り越しとなる。

01日～2020年6月30日の間のグローバルアップグレード証書およびリージョナルアップグレード証書、または200ドル分のトラベルバウチャーは、2020年12月31日までの予約およびフライトに利用可能。

②2020年6月30日より後に有効期限を迎えるアップグレード証書または200ドル分のトラベルバウチャーについて有効期限を6ヶ月延長。

③2020年3月1日時点で有効なデルタ スカイクラブ個人会員またはエグゼクティブ会員資格を所持する会員の有効期限を2021年6月30日まで延長。

④未使用のメダリオン ドリンクバウチャーを有効期限から6ヶ月延長。

⑤スカイマイル・セレクト会員の優先搭乗特典および未使用のドリンクバウチャーの有効期限を1年間。

●メダリオン会員資格取得必要マイル（MQM）の繰り越し

メダリオン会員資格取得必要マイル（MQM）の繰り越し：2020年のメダリオン会員資格取得必要マイル（MQM）が全て2021年まで繰り越しとなります。

(2)提携クレジットカードの特典について

デルタ スカイマイル アメリカン・エキスプレス・カード特典をマイ プロ

◀羽田空港第3ターミナルデルタ航空カウンター
デルタ航空マイレージ（スカイマイル）上級会員用カウンター（2021年2月）

フィールに所持する会員の2020年の特典（フライトクレジット100ドル分、未使用の同伴者用航空券引換証、デルタ スカイクラブのワンタイム・ゲストパス（各条件付き））は2021年12月31日まで有効期限が延長されます。

(3)航空券（特典航空券を含む）の変更等について

2020年4月17日より前に購入されたすべてのフライト、2020年3月～2021年3月の期間に出発予定のフライト、および2020年3月1日～2021年3月30日の期間に購入されたすべての航空券の変更手数料が免除されます。日程だけでなく、目的地も変更可能。未使用の航空券は新しいフライトに充当することができ、変更後の航空券との運賃差額が生じた場合は、新しい航空券の運賃の方が安い場合、運賃の差額分のeクレジットが発行されます。新しい航空券の運賃の方が高い場合は、運賃の差額の支払いとなります。

◀JMB WAONカード
誰でも入手可能な無料のエントリーカード。

海外マイレージのコロナ対応②
ユナイテッド航空（マイレージプラス）

ユナイテッド航空はＡＮＡと同じスターアライアンスに加盟しています。マイル関連ではステイタス会員資格の獲得条件では２０２１年分が緩和され、さらにポイント増量のキャンペーンを年初からスタートしています。

(1)上位会員関連について

上級会員制度のステイタス獲得条件の緩和

２０２1年度に関して、ステイタス会員獲得の条件が通常よりも緩和されています。詳しくは別表を参照して下さい。この条件に加え２０２０年3月末日までの搭乗に関してボーナスＰＱＰポイントと1Ｋステイタスに到達し、１５０００ＰＱＰを獲得すると、従来の３０００ＰＱＰ毎にではなく、２０００ＰＱＰ毎に＋２０ＰｌｕｓＰｏｉｎｔｓが獲得できる優遇策が実施中です。

(2)航空券の変更等について

米国国内線と米国を出発地とする国際線の利用についても変更手数料はかからなくなり、またその他の就航地については２０２1年3月31日まで変更手数料は無料です。一部に付帯条件があります。

ユナイテッド航空　MileagePlus プレミアステイタス要件緩和比較表

プレミアステイタス区分	従来のプレミアステータス要件		2022 プレミア ステータスの要件	
	PQF + PQP	PQPのみの目標	PQF + PQP	PQPのみの目標
プレミアシルバー	12 PQFおよび4,000 PQP	5,000 PQP	8 PQFおよび3,000 PQP	3,500 PQP
プレミアゴールド	24 PQFおよび8,000 PQP	10,000 PQP	16 PQFおよび6,000 PQP	7,000 PQP
プレミア プラチナ	36 PQFおよび12,000 PQP	15,000 PQP	24 PQFと9,000 PQP	10,000 PQP
プレミア 1K	54 PQFおよび18,000 PQP	24,000 PQP	36 PQFおよび13,500 PQP	15,000 PQP

海外マイレージのコロナ対応③
アメリカン航空（AAdvantage）

アメリカン航空はとＪＡＬと同じワンワールド加盟の航空会社です。マイル関連ではステイタス会員資格の獲得条件が直近2年間は緩和されています。

(1)上位会員関連について

上級会員制度のステイタス獲得条件の緩和

２０２０年度と２０２１年度に関して、ステイタス会員獲得の条件が通常よりも緩和されています。詳しくは下段別表を参照して下さい。

(2)航空券（特典航空券を含む）の変更等について

２０２０年３月１日から２０２１年３月31日までに旅行の購入済みの航空券（ベーシックエコノミー運賃の航空券およびＡＡｄｖａｎｔａｇｅの特典航空券含む）但し２０２０年９月30日以前に購入）には変更手数料の免除が適用されます。この他にも種々のケースで手数料の免除が設定されています。

アメリカン航空　AAdvantageの上級会員資格獲得条件比較

資格取得の必要条件	Executive Platinum oneworld® Emerald			Platinum Pro oneworld® Sapphire			Platinum oneworld® Sapphire			Gold oneworld® Ruby		
	2021年度	2020年度	通常	2021年度	2020年度	通常	2021年度	2020年度	通常	2021年度	2020年度	通常
EQM	80,000	60,000	100,000	60,000	45,000	75,000	40,000	30,000	50,000	20,000	15,000	25,000
EQS	95	60	120	70	45	90	45	30	60	20	15	30
EQD	$12,000	$9,000	$15,000	$7,000	$6,000	$9,000	$4,500	$4,000	$6,000	$2,000	$1,500	$3,000

EQM：航空会社と購入された運賃種別コードに基づいて（適用される最低保証マイルを含む）実際の飛行マイル数
EQS：アメリカン航空便または提携航空会社の加算対象となる航空券の購入で獲得できる飛行区間数
EQD：アメリカン航空が販売する便の航空券の料金（基本運賃と航空会社の手数料の合計、政府により課される税金や料金は対象外）

海外マイレージのコロナ対応④
大韓航空（スカイパス）

大韓航空はデルタ航空と同じスカイチーム加盟です。

(1) マイルの有効期限について

2020年末に満了するマイル（有効期間10年間）が申請なしで1年自動延長されます。また一部特典航空券では払い戻しの時点で有効期限切れとなるマイルが2021年12月31日まで使用可能。

(2) 上級会員資格（モーニングカーム）の期間延長

モーニングカームクラブの会員資格期間および会員審査期間が6ヶ月間延長されました。

(3) 航空券の変更等について

2020年4月1日以降、2020年3月4日~2021年3月31日出発便の大韓航空国際線有償/無償航空券で2020年4月1日以前販売分は、払い戻し手数料が免除されます。また再発行の場合は手数料が1回免除（ただし運賃差額が発生する場合は徴収）。さらに航空券販売時点以降に特定国家の出入国禁止/制限措置の新設/延長に関連して旅程に影響がある場合は同規定の適用可能。

●ポイント

①2020年末に満了するマイル（有効期間10年間）が申請なしで1年自動延長。
②モーニングカームクラブの会員資格期間および会員審査期間が6ヶ月間延長。
③対象期間の大韓航空国際線有償/無償航空券の払い戻し手数料免除。また再発行の場合は手数料が1回免除。

PART Ⅱ

マイレージ利用を再考する

このパートでは、新型コロナウイルスで個人旅行が難しい環境の中で、新しい条件下のマイルの活用法について解説していきます。航空機に乗る以外にも様々な方法でマイルは貯めて使えます。しかしせっかく苦労して貯めたマイルが失効しては元も子もありません。まずは規約に照らし、最も有利な利用法を様々な角度から再検討していきます。

マイレージの目的

マイレージを利用している動機や目的をじっくり考えたことはあるでしょうか。マイレージは今やだれでも当たり前のポイントプログラムで基本的には参加費用も原則無料ですから、あまり深く考えずに使っている方が多いかもしれません。ただしこの本を読んでいるあなたは、相当にマイレージに関心を持っているはずです。複雑な規約を理解しせっかく努力して貯めたマイルや上級会員のステイタスが、新型コロナウイルスの感染の影響で失効してしまうかもしれない事態となってきているからです。そこで今一度マイレージの目的を考えてみましょう。

●ライフステージで変わるマイレージ利用の目的

私のマイレージの目的は、最初は家族と一緒に海外旅行に行くための特典航空券の獲得でした。始めた当時は日本の航空会社での国内線ではマイレージは提供されておらず、業務で海外出張をする機会が増えたのをきっかけに、マイルが貯まる提携クレジットカード会員になりマイルを増やしました。そして数年後にそのマイルを使って初めて海外への家族旅行（米国中西

●ポイント

①長い人生ではライフステージが変わるとマイレージ利用の目的も変化する。
②マイルの価値を考えると、国際線の特典航空券はマイル換算率が高く有利。
③有効期限が1年を切ると、マイルの利用条件が劣化しやすいので、具体的な対策を急ぐべき。

部周遊）を実現できました。

その後日本の国内線でもマイレージが開始となり提携サービスが多様になるにつれ、国内出張や普段の生活でもマイルがどんどん貯められる環境が整備され、特典航空券の利用する環境が広がりました。そしてその後もオーストラリア、ニュージーランド、香港、中国本土、ハワイ、ヨーロッパ等へ家族旅行することができました。子供が成長するにつれ家族一緒での海外旅行にマイルを使う機会は減少し、その後子供だけや夫婦旅行で使うことと、個人では高価なために購入が難しい国際線のビジネスクラスやファーストクラスに特典航空券を使って乗ることがマイレージの利用目的になっていきました。最近は孫と一緒に海外に行くことや、今まで行けていない海外の秘境への旅に利用しようと思っていたところにこの新型コロナウイルスの問題に直面したのでした。

さてこのようにライフステージの変化とともにマイレージの目的も変わっていきます。特典航空券に魅力を感じない方にはマイレージで貯まるマイルは宝の持ち腐れかもしれません。マイルは貯めても利子が付く訳ではありません。使わないと大概のマイルは失効してしまいます。だからこの機会にあなたの今のマイレージの目的を再考してみましょう。

◀ナッシュビルにて
友人とアメリカ音楽都市周遊をコロナ禍直前にマイルでできました（2020年1月）

●特典航空券がマイレージでは一番有利な特典

マイレージ会員の中には仕事やライフスタイル上の環境で航空機を利用する機会が多く、自分が積極的に貯めなくてもとにかくマイルが貯まるという羨ましい環境にいる方もおられます。ただ本書の読者は、航空機利用の機会と提携サービスを上手に利用してマイルを増やし特典航空券の獲得を目的としている方が多いのではないでしょうか？

マイルの価値を考えると、国際線のビジネスクラスやファーストクラスの特典航空券はマイル換算率が高く有利です。またエコノミークラスでも価格が高いハイシーズンの人気路線や年末年始の繁忙期で利用できるなら有利な特典です。さらに国際線の一部路線や提携航空会社路線でキャンペーン期間に通常より少ないマイルで特典航空券を獲得できることもあります。国内線でも割引運賃の設定のない期間での利用やＪＡＬの「どこかにマイル」やＡＮＡの「今週のトクたびマイル」など通常の特典航空券の半分以下のマイル数で利用できる特別な国内線特典航空券の存在もマイルの価値を高く利用できる一例です。

●特典航空券以外での交換特典

特典航空券に関心がない方や航空券を利用する環境にない方は、様々な用

◀Ｐｏｎｔａカード
ＰｏｎｔａとＪＡＬマイルは相互交換可能です。

途に使えるポイント系特典が魅力です。実際JALマイレージバンクでは特典航空券以外で断トツの一番人気の交換特典は「AMAZONギフト券」のようです。ただしJALやANAのこうしたポイント系特典には年間交換数の制限があったり、一定以上交換すると交換率が悪くなったりするものがあるのは要注意な点です。ともあれ特典航空券以外の多様な交換特典が用意されていることでは、日本の主要2社のマイレージ会員は新型コロナウイルス時代には救いがあります。海外のマイレージにはこうした日本国内で便利なポイント特典交換はあまりありません。特典航空券以外の特典は最大でも1マイル＝1.7円相当換算です。但し最近はTポイント、楽天スーパーポイント、Ponta、dポイント等の共通ポイントの付与率も200円につき1ポイントへと低落傾向にあるので、特定のクレジットカードマイルや電子マネーを併用したマイル増量プランなら、100円で2マイル貯まるJALやANAのマイルが最も好条件な共通ポイントになってきています。

●海外航空会社のマイレージの特典交換

国内2社の日本地区会員の特典交換に比べると、海外航空会社の特典交換は日本地区会員には選択肢では見劣りします。ここしばらく海外路線で

◀ワンワールド
加盟各社のマイルはJAL国内線特典航空券の利用ができます。

は実質的に利用ができないと考えると、現実的な方法としては提携航空会社の日本国内線での特典航空券利用です。ユナイテッド航空のようなスターアライアンス加盟の航空会社ならＡＮＡ国内線特典航空券が、アメリカン航空のようにワンワールド加盟の航空会社ならＪＡＬ国内線特典航空券が利用できます。スカイチーム加盟の日本の航空会社はありませんが、デルタ航空では提携クレジット会員とメダリオン会員（ステイタス保持者）に限りスカイマークの国内線がマイルで利用できます。

問題なのは海外航空会社の中に経営不安が大きく報じられている会社があることです。できればそうした渦中にある航空会社のマイレージは早目に精算しておくに越したことはありません。マイレージではありませんが、身近な例ではＬＣＣのエアアジアジャパンの破産で支払い済みの航空券の払い戻しができなくなる等、航空会社の経営破綻が現実になったことです。

海外航空会社の特典航空券以外となると、マイルで宿泊施設やレンタカーを利用するとか、ネットでマイルを使ってショッピング等の利用法が

◀ハーツレンタカー・シカゴオヘア空港営業所
ゴールドメンバーなら予約一覧の掲示板に場所が表示されます。（２０２０年１月）

考えられます。これら航空券以外の特典の種類は航空会社で異なります。さらに会員の在住地域で条件が異なることもあり、日本地区会員がそのすべてが利用できるとは限りません。日本地区会員向けの特典航空券以外のギフト商品等をマイル交換できる特典メニューが用意されている航空会社はルフトハンザ航空やキャセイパシフィック航空等ですが、全体的に少数派です。

マイルには基本的に有効期限があります。例外的にデルタ航空は無期限ですが、米国系2社（ユナイテッド航空、アメリカン航空）はマイル口座の変動があれば、その時点でマイル期限が更新され実質的に無期限に延長できますので、新型コロナウイルスでの旅行制約が解けるまで、マイルを温存する方策も可能です。但しその間に条件変更で不利になることも考えられます。概ねマイルは有効期限が1年を切ると、利用条件が劣化していきます。自分の都合に合わせての利用で日程的に制限が加わるからです。新型コロナウイルスの終息が見通せない現在、マイルの有効期限が1年を切りそうなら早急に具体的な対策を急ぐべきでしょう。

◀成田空港第1ターミナル・ユナイテッド航空カウンター
ユナイテッド航空のマイレージプラスはマイルを実質無期限に貯めておけます。

二つ以上のマイレージの並行利用

コロナ時代では多くの方は航空機利用の機会が以前よりも減少するので、同時に二つ以上のマイレージを使うことは極めて不利益です。但し路線によっては自分がメインで利用しているマイレージが使える航空会社（マイレージ提携会社便も含め）の就航がないと、他のマイレージを並行利用することになります。その際は次の攻略点を意識して使いたいものです。

●アライアンスに留意したマイレージ選択

世界の主要航空会社の多くは3大アライアンス（航空会社連合）のいずれかに参加しています。同じアライアンスに属する航空会社のマイレージでは積算や交換の条件は異なりますが、マイルや上級会員資格ポイントは共通で、共通のステイタスサービスも受けられます。同じアライアンスに属する航空会社の複数のマイレージを利用しても、マイルの集約を考えるとあまりメリットはありません。むしろ三つのアライアンス別にひとつの航空会社（マイレージ）に絞って利用すると、ほぼ全ての搭乗便でマイルは捕捉できます。どのマイレージの条件が有利かは、求める目的と利用で一概に決められませ

●ポイント

①コロナ時代は航空機利用の機会が減少するので、同時に二つ以上のマイレージを使うことは極めて不利益。
②マイレージの並行利用では、同一アライアンス（航空連合）の重複に注意。
③航空会社の提携クレジットカードは維持費も考慮しサブのマイレージは、普通会員や年会費を無料化できるカードを使うなどして低コストで利用。

んが、日本語のサイトと問い合わせ窓口があることが最低条件です。

●メインとサブを意識して使い分ける

マイレージ攻略の要諦は「選択と集中」です。競合路線ではひとつのマイレージに絞るかが上級会員資格獲得にも影響し、「二兎を追う者は一兎をも得ず」のたとえ通りになりかねません。上級会員はボーナスマイルやラウンジ利用等の航空機の利用時には多くの利点があります。搭乗便を調整するなどして、メインとサブを意識して使い分けましょう。

●提携クレジットカードの利用

異なるマイレージを並行利用する場合、航空会社の提携クレジットカードを使うには、年会費等も考慮しサブのマイレージは、普通会員で済ますとか、年会費を無料化できるカードを使うなどし、できるだけ低コストで利用したいものです。但し海外旅行の安全対策として、複数カードの携行の必要性は高く、その場合は複数ブランド（JCB、VISA、アメックス、マスター等）に振り分けて入会するなど、カード選択は低廉な費用で最大効果を獲得できる組み合わせを考えましょう。

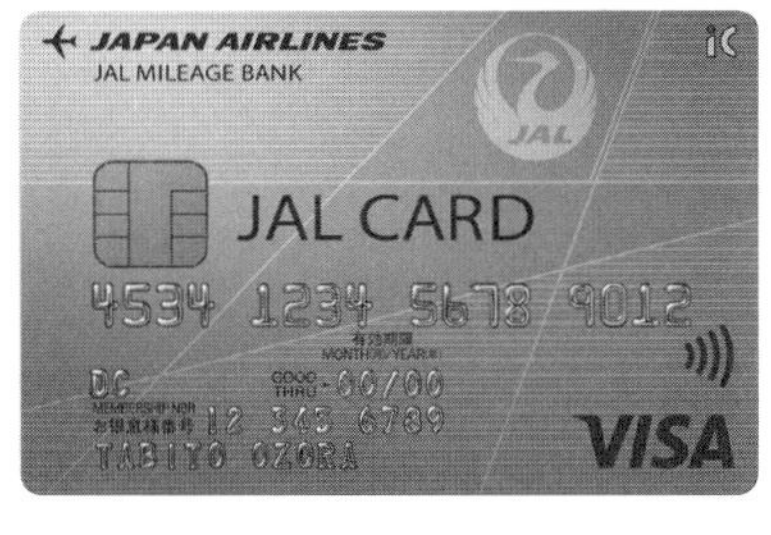

◀JALカードVISA（普通カード）複数のマイレージ提携カードを使う場合はブランドの選択が重要です。

ＬＣＣの使い分け利用法

近距離国際線に加え、日本国内路線でもＬＣＣ（格安航空会社）の路線網も広がり、航空機利用の選択肢が広がっています。定時性や座席のピッチ幅等が特に気にならないなら、安価に航空機を利用できる点は魅力です。最近若い方に混じり、シニア層の利用も増えています。搭乗時間が短い国内路線では路線やシーズンによってＬＣＣの併用は一考に値すると思います。一部はマイルが使えまた貯めることのできるＬＣＣもあるからです。

●ポイント
①マイルが貯まるＬＣＣが国内外にある点に注目。
②ＬＣＣ便利用の特典航空券は、同じ路線なら少ないマイルで利用できる。
③ＡＭＣのピーチポイントへの交換は条件が良くない。

●マイルも貯まるＬＣＣ

ＬＣＣ（格安航空会社）でも、少ないながらマイルが貯まる路線や航空会社があります。国内線ではＪＡＬが資本参加しているジェット・スター・ジャパンの国内線の二つの運賃（「ちゃっかりＰｌｕｓ」オプション選択か「しっかりＭａｘ」オプション選択）なら区間マイルの25％のＪＡＬマイルが積算できます。またＡＭＣではヨーロッパの格安航空会社、ジャーマンウィングスとユーロウィングスの搭乗でもＡＮＡマイルが積算可能です。これ以外でも今後ＬＣＣが従来型のＦＳＣ（Ｆｕｌｌ Ｓｅｒｖｉｃｅ

Ｃａｒｒｉｅｒ）航空会社との資本提携にともなう相互補完関係が強まるにつれ、マイルが積算できるようになると見込まれます。

●特典航空券で使えるＬＣＣ路線

交換特典として、ＬＣＣ便を特典航空券で利用できるマイレージがあります。ＪＡＬマイレージバンク（ＪＭＢ）では、同じＪＡＬ路線よりも少ないマイルでジェットスター・ジャパンの国内線と国際線で特典航空券に交換可能です。ＡＮＡマイレージクラブ（ＡＭＣ）にも、以前はマイルから直接特典航空券に交換できたバニラエアがありましたが、２０１９年にピーチに吸収された後は、マイルをピーチポイントに交換して航空券購入に使う方法に変更となりました。ピーチポイントへの交換は１マイル＝１円を切る交換率で、あまり有利な条件とは言えません。

●ＬＣＣとＦＳＣは別物と割り切る

ＬＣＣはＦＳＣと同じ航空機を利用した交通手段ですが、サービス内容の基本姿勢と利用方法が根本的に異なります。ＬＣＣは割安に旅行する際の手段で今までの航空機利用とは別物と割り切って使うことをお勧めします。

◀ジェットスタージャパン高知空港カウンター
ＬＣＣ国内線の路線は地方空港へも拡大しています。（２０２０年12月）

マイルの価値

マイレージの一番魅力ある点は、ポイント（マイル）の換算価値を特典航空券に交換した場合に他のポイントに比べて極めて高率にできることです。特に国際路線のビジネスクラスやファーストクラスでは、1マイルが20円以上の価値を得ることも可能です。この点がマイレージの最大の魅力です。また国内主要航空会社のマイルは家族と合算利用（提携クレジット会員限定）できたり、海外航空会社の一部マイレージでは会員間で譲渡できたりするので、まとまった数量にして高価な特典に交換できます。今マイレージを見直すにあたって、まずはマイルの価値に着目しましょう。

●マイル交換の価値が一番高い国際線特典航空券

前述のようにマイルの価値（1マイルあたりの換算値）が一番高いものは国際路線のビジネスクラスやファーストクラスの特典航空券です。実際マイレージの会員数の増加に伴って、年々上位クラスの特典航空券は交換に必要なマイル数も上昇傾向で、また予約競争も激化し入手が難しくなりました。しかし予約の仕方（タイミングや路線、航空会社、期間等）を工夫すると依

●ポイント

①マイレージを見直すにあたって、マイルの価値に着目する。

②マイレージの一番魅力ある点は、特典航空券に交換した場合に、他のポイントに比べ換算価値を高率にできる。

③提携関係や交換条件の改廃があるので、マイルを長く貯めておけることはメリットとは限らない。

然利用可能な最も魅力ある交換特典です。

そこでマイルの価値をＪＡＬとＡＮＡの国際線特典航空券で比較してみました。今後の特典交換の参考データとして利用して下さい。その換算比較は下段別表を参照してください。また特典航空券の利用条件がＪＡＬとＡＮＡでは異なり、その上運賃は搭乗日で変動します。さらに交換マイル数ではＡＮＡはシーズンで異なります。ＪＡＬ国際線特典航空券は予約変更ができませんが、ＡＮＡは可能である点など条件が異なります。その点を加味して、比較対象の運賃はＪＡＬではファーストクラス以外の各クラス運賃予約不可でアップグレード可能な運賃で、またＡＮＡは無料で予約可能な運賃で各々最安のものを採用してあります。但し日程での運賃変動では特典航空券でも予約可能なその週の最も高額な日程分となっています。

●変動相場制が導入されてきた国際線特典航空券

インターネット利用の普及とコンピュータシステムの進化で座席の需要予測の精度が向上したこともあり、最近の航空運賃はダイナミックな変動価格になってきています。その影響で特典航空券の交換マイル数も変動制を採用

マイルの価値（国際線特典航空券と同等機能の有償運賃との比較）

東京（羽田）⇔ニューヨーク（JFK）間直行便（2021年4月第1週出発）
比較対象運賃は該当期間の一番高額な期間採用

JAL（国際線特典航空券は片道と往復可）

搭乗クラス	区分	運賃	交換マイル数	1マイルあたりの換算額	該当運賃	予約クラス
ファーストクラス	片道	1,664,000	70,000	¥23.77	First Flex	F
	往復	2,560,000	140,000	¥18.29	First Flex	F
ビジネスクラス	片道	745,000	50,000	¥14.90	Business Saver	C
	往復	763,000	100,000	¥7.63	Business Saver	X
プレミアムエコノミークラス	片道	366,000	32,500	¥11.26	Premium Economy Standard	W
	往復	378,000	65,000	¥5.82	Premium Economy Saver	R
エコノミークラス	片道	202,500	25,000	¥8.10	Economic Saver	K
	往復	314,000	50,000	¥6.28	Economic Save	K

JALの各クラス運賃はファーストクラス以外は予約変更不可の最安運賃

している航空会社も増えています。特に顕著な例はデルタ航空で、デルタ航空の「スカイマイル」には、基本交換マイル数のチャートが公式サイトからなくなってしまいました。ＪＡＬ国際線特典航空券でもファーストクラス以外は搭乗希望日によっては「ＪＡＬ国際線特典航空券ＰＬＵＳ」の適用で獲得しやすくはなりましたが、基本交換マイル数よりも多くの交換マイル数が必要となっています。

●様々なポイントを集約できる点も魅力

マイレージには提携のポイントサービスのポイントをマイルに交換できる機能があり、様々なポイントをひとつに集約できる点が魅力です。この機能は特に日本の２大マイレージであるＪＡＬマイレージバンクとＡＮＡマイレージクラブは際立って多様である点が特筆されます。この機能を使うことで、交換利用に不十分な数量で散在する様々なポイントも、ひとつにまとめて使うことができます。さらにこの機能を使い、マイルの交換特典として各種の電子マネーやポイント特典にも交換できます。バラバラに貯まる色々な種類のポイントを無駄なく使い切ることができる。そうした点もマイルの価値が他のポイントに比べ、相対的に高い理由です。

マイルの価値（国際線特典航空券と同等機能の有償運賃との比較）
東京（羽田）⇔ニューヨーク（JFK）間直行便（2021年4月第1週出発）
比較対象運賃は該当期間の一番高額な期間採用

ANA（国際線特典航空券は往復のみ）

搭乗クラス	区分	運賃	交換マイル数	1マイルあたりの換算額	該当運賃	予約クラス
ファーストクラス	往復	2,595,000	150,000	¥17.30	Full Flex	F
ビジネスクラス	往復	1,387,000	75,000	¥18.49		F
プレミアムエコノミークラス	往復	592,630	62,000	¥9.56	Full Flex Plus	G
エコノミークラス	往復	334,000	40,000	¥8.35	Basic	U

ANAの各クラス運賃はすべて手数料なしで予約変更可能運賃

●長く貯めておけることはメリットとは限らない

世界的に航空機利用が大衆化してＬＣＣも登場しましたが、従来型の航空会社（フルサービスキャリア：ＦＳＣ）でも、マイレージの会員数も年々増加の一途です。その為、マイル積算の諸条件や特典航空券に必要なマイル数等の交換条件のハードルが年々上昇傾向にあるのは否めません。またビジネスクラス等の上位クラスの特典航空券は、ネットの普及で予約競争が激化してきています。そうしたことから有効期限が長くても、交換タイミングによってはその価値が以前よりも低下することになりかねません。私の失敗談ですが、有効期限が無期限なので、小まめに規約もチェックせず貯め続けていたマイルが、以前はビジネスクラスで行けた区間が、規約の変更でエコノミクラスになってしまって後悔したこともありました。また予定した路線で、その航空会社との提携が解消してしまい、マイルで利用できなくなってしまったこともあります。こうした提携関係や交換条件の改廃があることを勘案すると、今までの経験から最長でも３年〜５年間程度がマイル交換期限の目安と思います。

◀成田空港第一ターミナル・中華航空カウンター
スカイマイルを使い台湾に行った時はマイルの価値が下がっていてがっかり。（２０１８年２月）

マイルの使い道

●幅広い交換特典に注目

マイルのポイントサービスの利点で特に注目したいことは、前述したように、高交換率の特典（特典航空券）、ポイントの集約性に加え、その交換特典の多様性（多彩なラインアップ）にあります。特に最近では主要マイレージでは、マイルをそのままホテルやレンタカーの予約・支払いに使うことができるようになり、マイルで旅行費用の大半を支払うことが世界中でできるようになりました。食事付きプランの温泉旅館もマイルで利用できます。さらにJALやANAのマイレージでは、提携企業のポイントや電子マネーにも交換でき、自分の欲しい商品やサービスや、工夫すれば公共料金や税金の支払いもできるのです。このように多様な交換特典を提供しているポイントプログラムは日本の2大マイレージ（JMB、AMC）の特長です。マイレージを再考する機会に、もう一度交換特典のラインアップを見直して下さい。

●交換特典の使い道を工夫する

貯めたマイルは会員以外にも使えますが、一部にはその制約（JALと

●ポイント

①JMBやAMCはポイントの集約性に加え、交換特典の多様性（多彩なラインアップ）が特長。
②「ANAセレクション」や「JALクーポン」等の交換特典は使い方次第で用途が広がる点に注目。
③最近のTポイント等各種共通ポイントは条件劣化し、逆にJALやANAのマイルは、高率還元の共通ポイントになっている。

ＡＮＡは家族限定、他では会員の認めた友人なども可）があります。ただし各特典の特性や規約をうまく使うとプレゼントに利用する等、色々な使い方ができます。例えば「ＡＮＡセレクション」は、国内の住所ならどこへでも送れるので、親しい方の贈りものにも利用できます。またＪＡＬやＡＮＡのマイルは提携カード会員で生計を同一にする一親等の家族とのみ合算可能ですが、ＪＡＬクーポンやＡＮＡご利用券に替えた分は2親等以内の家族の分も合算して使え、実質的に合算できる利用法です。工夫次第で意外な使い方が見つかります。

●共通ポイントサービスより好条件

最近ひそかに様々なポイントの還元率低下が徐々に進行しています。主要な共通ポイント（Ｔポイント等）の付与が主要店でも２００円につき1ポイントと条件が劣化し、却ってマイルの方が高還元となっています。こうした点もマイルの使い道を考えるヒントです。つまりどこでもカード払いができる今日、マイルはその貯め方（付与率の高い提携カードや特約店の利用、他ポイントの集約等）と使い方（提携電子マネーのクレジットチャージ等）を工夫して、高還元な共通ポイントカードと割り切って利用することです。

◀ＡＮＡセレクション空港展示ケース（羽田空港）
ＡＮＡセレクションの羽田空港内の展示ショーケース

マイルは延命できるか

新型コロナウイルスの感染が一向に収まらず、むしろ1年を経過した後さらに拡大している状況です。長い期間コツコツ貯めてやっと特典航空券で海外旅行に行ける数量に到達した方には、貯めたマイルの有効期限が一番気になると思います。誰もこの先の予測ができない現状では、海外旅行はいつから以前の様に自由にできるのかも同様にわかりません。マイルが有効期限切れにならないようにどうしたできるのか、マイルの延命が気になります。その対策にはどんな方法があるのでしょうか?

●航空会社の延長救済策を利用する

すでに「マイレージのコロナ対応」で前述の通り、航空会社が会員に打ち出しているマイルの延長関連の救済策を利用する方法があります。JALやANAでは一部のものは事前申請制を採用しているので、該当するマイルを所持する方は、必ず実行するべき課題です。但しこの対策もホームページを定期的に閲覧し、規約を点検していないと受けられません。さら直近に失効分の暫定措置であり、交換済みの特典航空券のマイル払い戻しなどには手数

●ポイント

①期限を迎えるマイルも、航空会社のコロナ対策の救済策（一部事前申請あり）を使うと延命可能なものがある点に注意。
②規約や交換特典の条件などを再検討するとマイルの有効期限を実質的に延ばす方策が見つかる。
③JMBとAMCの相互交換できるポイントを使い、価値は減るが再交換でマイルを延命できる。

料がかかるものもあり、交換済みのマイルは救済されないケースもあります。またＪＡＬではマイルそのままではなくｅＪＡＬポイントでの救済となり、マイルのままで延命はできません。

●規約、交換特典、カード種別等を見直し自分流の対策を実行する

自分が利用しているマイレージの規約や交換特典、また他のマイレージの条件などを再検討して、独自の対策を講じることで、マイルの有効期限を実質的に延ばすことが可能です。また単にマイルの有効期限を延ばす以外に、特典航空券以外のマイルの使い方を、この際に見直してみることも対策のひとつです。本件に関しては、この次のパート「コロナ時代のマイレージ対策」でより詳細に検討します。

●ポイント交換等の力ワザ（ちから）も使ってとにかくマイルのカタチで延命する

マイルはポイントサービスの一種で、ＪＭＢとＡＭＣには相互交換できるポイントがかなりの種類あります。様々な制約条件はあり、マイルの価値の減少は免れないものの、この機能を利用すれば再交換をして再びマイルのカタチで残すことも可能です。

◀ソラチカカード
ＡＮＡマイルとメトロポイントが相互交換できるＡＮＡカード

マイルの貯め方

新型コロナウイルス感染問題は短期間で解決できる見通しが立たない以上、マイル利用法は転換期を迎えていることは事実です。将来的に海外旅行ができることを念じて、しばらくはマイルを貯めることに専念するのも方策のひとつです。それ以外にも個人の事情を踏まえた色々な対策が考えられます。そこで今一度立ち止まってマイルの貯め方を見直してみましょう。

●獲得コストを見直す

マイル獲得のために高額な年会費の提携クレジットカードを利用している方も多いと思います。特に航空機利用時に多くの特典があるタイプのカードなら、搭乗機会が減ってしまいその利点が生かせないなら、カード維持費の低いタイプのカードに変更することも再検討すべきでしょう。またオプション費用を払ってのマイル増量の方法も同様です。色々なポイント交換方法を研究してマイル獲得の費用を圧縮することは検討課題です。

●ポイント

①搭乗機会減少に伴い、カード維持費の低いタイプのカードに変更することを再検討。
②他のポイントと違い、ＪＡＬやＡＮＡのマイルは期限が来れば毎月失効する点に注意。
③マイルの使用条件が劣化するトレンドに対応し。早期に消化するのも現実的な対策。

●有効期限により注意する

JALとANAのマイル有効期限は3年程度の認識があっても、実際の36ケ月であるということを具体的にイメージできていない方もいると思います。なぜならほとんどのポイントサービスは年度単位の有効期限なので、毎月ポイントが失効するような仕組みは一般的でないからです。他のポイントの様に年単位と考えていたら、予想以上にマイルがなくなってしまっていることになりかねません。月度単位の口座マイル数は多くの利用者では、概ね数千マイル以下が一般的でしょうから、翌月期限分だけを有利な特典交換をするにはマイル数が足りません。マイルの価値が高い特典交換は、最低でも5,000~10,000マイルです。JALとANAのマイル残高はできる限り月1度程度は確認し、失効する1年位前には目的とする交換特典の目星を付けて、期限内に有効利用する習慣をつけましょう。コロナ時代は以前よりもマイルの有効期限に注意が必要です。

●ある程度貯まったらどんどん使う

この際今まで狙っていた海外路線での特典航空券は一旦断念し、一定数量貯めたなら、どんどん国内線特典航空券やクーポン特典等で使ってしまう方

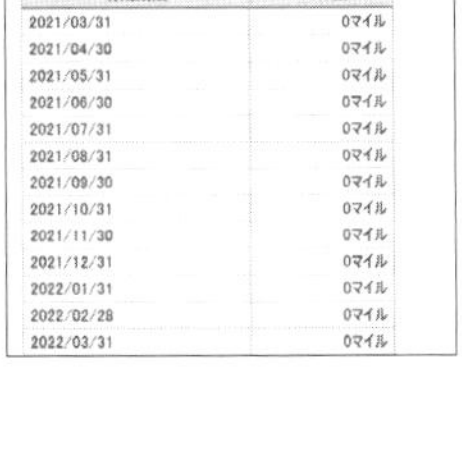

JAPAN AIRLINES

有効期限別マイル詳細(個人)

現在の有効マイル残高(2021年03月14日現在)
マイル

有効期限別マイル

有効期限	マイル数
2021/03/31	0マイル
2021/04/30	0マイル
2021/05/31	0マイル
2021/06/30	0マイル
2021/07/31	0マイル
2021/08/31	0マイル
2021/09/30	0マイル
2021/10/31	0マイル
2021/11/30	0マイル
2021/12/31	0マイル
2022/01/31	0マイル
2022/02/28	0マイル
2022/03/31	0マイル

◀JMBホームページ・マイル有効期限確認画面
月別のマイル有効期限が確認できます。

策も短期的に有用な対策です。これならマイルを失効することはまずありません。マイルは長く貯めておいても利子が付く訳でもありません。2021年10月からANA国内線特典航空券では羽田空港など空港施設料が別途徴収されることになり、利用条件が劣化します。こうしたマイルの利用条件変更でマイルの価値の低下は今後のトレンドと思われます。ある程度割り切ってマイルを早期に消化してしまうのも現実的な戦略かもしれません。

●あくまで大物狙いに徹する

前述の使い方とは真逆に、この際キャンペーンなども積極的に取り組み、ちまちま使わずがっちり貯めることに専念し、ちょっとやそっとでは獲得できない海外長距離路線のビジネスクラスやファーストクラスの特典航空券獲得を狙うという逆張り戦略もひとつの方策です。今航空会社はマイル獲得のキャンペーンを連発しています。実際予約カレンダーの状況から見ても今はチャンスですし、再来年ならまだ人気路線やハイシーズン期間も、より挑戦しやすい環境です。

◀**エミレーツ航空ファーストクラス**
機内食のキャビアとドンペリがおかわりし放題でした。（2020年1月）

PART Ⅲ

コロナ時代のマイレージ対策

本書ではこれまで新型コロナウイルス感染拡大で激変してしまったマイレージの利用環境について、各社の対応を整理し、さらに利用者の視点で、原点に戻ってマイレージの活用全般について分析・再検討してみました。その点を踏まえて本パートでは問題解決が長引く新型コロナウイルス時代の新しいマイレージ利用の具体策を検討します。今までコツコツと貯めてきたマイルを使って、できるだけ多くの方が楽しみにしていた「夢の旅行」を実現できればと対策を考えました。

マイルの延命策①
マイルの延命策を規約から読み取る

●コロナ禍でのマイレージの関心事とは

マイレージのように沢山のポイントを長期にわたり貯め続けるような使い方はまれで、一般の他のポイントではあまりしないはずです。主要な共通ポイントの条件は日増しに条件が劣化してきていますが、そんな情勢にあっても、マイレージでマイルを貯めたり、上級会員資格ポイントを貯めたりする熱心なマイラー（マイレージ愛好家）の関心と意欲は衰えることはありません。それはどうしてなのでしょうか？　一般的な他のポイントとは異なり、マイルや上級会員資格ポイントは累積すると、より価値が高まるという特性があります。反面、他のポイントが自動更新で延長されるものが多いのとは異なり、日本の2大マイレージ（JMBとAMC）には有効期限があります。こうした点を考慮すると、マイレージは一定期間でその活用法を工夫する必要がある、言わば「大人のゲーム」とでも言うべき存在です。途中でやめてしまうと、今まで苦労して貯めたマイルやポイントで本来得られる価値が大幅に低下してしまいかねません。だからこ

●ポイント

①マイルや上級会員資格ポイントは累積すると、より価値が高まるという特性があり、途中でやめてしまうと、本来得られる価値が大幅に低下する。
②マイルの価値を考えると、国際線の特典航空券はマイル換算率が高く有利。
③マイルの規約は、随時変更が加わる細かな関連事項と例外規定に意外な落とし穴がある。

そ、新型コロナウイルスの感染拡大で利用環境が激変している現状では、その環境変化に有効な対応策が必要となってきているのです。マイレージ利用者の多くが薄々気付いているマイレージへの関心の本質は、実はこのような背景があるからです。

●コロナ時代の対応策はまず情報収集と分析から

本書はこうしたマイレージ利用者の疑問や課題に応える情報提供が乏しい現状を踏まえ、コロナ時代になって新たな局面を迎えたマイレージの諸問題を解決する方法を、利用者の立場で収集、分析してみたいと考えて企画しました。普段何気なく見ている報道関連のニュースも、系統だって整理するとマイレージの各対策に連動していることがわかります。しかしながらインターネットの普及に伴ない、様々な情報が氾濫し、なかなか的が絞れません。特に海外渡航などの情勢は毎日目まぐるしく変化し、渡航条件など、どれが正しい情報かわかりづらいのが現状です。マイレージを活用して海外旅行に行くことが楽しみである私にとっても、どのような条件なら海外に行けるのかは、本書の企画を思い立つまでは、漠然としたイメージしかありませんでした。しかし詳しく各種情報にあたっていくと、

◀ANAホームページ
マイレージ会員ならホームページは最低月に2回程度はアクセスしましょう。

驚きの現実がありました。正確で多角的な情報収集をしないと、様々な機会損失をすることがわかり愕然しました。そうした経験から、多くのマイレージ愛好家の皆さんに必要であるコロナ時代の新しいマイレージとの付き合い方を探りました。

●解決策はマイレージの規約を点検することから見つかる

本書の執筆を進めていく最中でも、新型コロナウイルスの感染は拡大の一途となり、２０２１年の年頭には2度目の緊急事態宣言が発出されました。そんな状況では、ますますマイルを使った旅行は遠のくばかりです。しかしそれとは裏腹に早く海外旅行の再開を望む気持ちが高まります。

そこで航空会社のコロナ対応をホームページで調べていく際、ついでに初心に立ち返ってマイレージの仕組みをしっかり読み込み、知ったつもりでいた様々な規約を再点検しました。そこで特に問題と感じたのは、随時変更が加わる細かな関連事項と例外規定に意外な落とし穴であることです。よく言う逆転の発想ではありませんが、こうした細かな注意事項にこそ、正攻法では見つけられない、コロナ時代に即した対応策のヒントが隠れていることに気が付きました。「マイルのポイント相互交換」、「特典航

◀ＪＭＢハンドブック２０２０
ＪＭＢならマイレージの規約等の内容が判る小冊子が入手可能。

空券の有効期限と変更条件」、「マイル修行を地方発で考える」などがその一例です。密林のように複雑化してきたマイレージの提携関連情報と特典関連の規約では、ちょっとした変更項目でも、その活用法に大きな影響がでてくることに注視しました。そこで自分なりのコロナ時代の新しいマイレージ攻略法を研鑽していきます。

◀AMC WEB画面
このページから入るとマイルの使い方の全体像がわかります。

マイルの延命策②
JALマイレージバンク（JMB）の対策

マイレージの規約は複雑で全部を精読することは難しいですが、丹念に読み込むと意外な使い方が見つかります。JMBの規約の中でマイルを延命することに利用価値のある方法として次のようなものがあります。

●JALのマイルを最長60ヶ月にできる方法

①会員が満55歳以上なら、入会無料で「**JMB G・G WAON**」会員になると、入会後に貯まったマイルから有効期限が60ヶ月になります。この入会以前に貯まっていたマイルの有効期限はそのまま36ヶ月で延長はされません。

②JALカードには日本に生活基盤があり日本国内での支払いが可能な20歳以上30歳未満（30歳になる誕生月の4ヶ月前の月末まで申し込み可能）の方が対象の「**JAL CLUB EST**」があり、その会員のマイルの有効期限は、会員資格継続中（30歳を超えてもカードの最終有効期限可）60ヶ月まで延長されます。

●ポイント

①JMB G・G WAON やJAL CLUB ESTならマイルの有効期限が60ヶ月。

②eJALポイントの有効期限は追加での特典交換によって1年間自動更新され、実質無期限にできる。

③JALマイルとの相互交換可能なポイントの機能を使うと、価値は落ちるがマイルを延命できることが可能。

今までこうしたカードの存在をあまり気に留めなかった方も、該当する年齢であれば、是非お勧めしたい方法です。このようなカードはＡＮＡカードには用意されていません。

●ＪＡＬのマイルを無期限にできる方法

①高校生を除く18歳以上30歳未満の学生（大学院、大学、短大、専門学校、高専4・5年生）の方で、日本に生活基盤があり日本国内で支払いが可能な方が入会できる「**ＪＡＬカード ｎａｖｉ**」は、在学中マイルの有効期限が無期限です

②ＪＡＬの上位会員である**ＪＭＢダイヤモンドかＪＧＣプレミア**になると、対象期間中保有マイルの有効期限がなくなりマイルが失効しません。サービスステイタス達成日の翌月末に有効期限を迎えるマイルから有効期限廃止の対象となります。達成日とは暦年1月～12月の搭乗で、ＪＭＢ口座に積算されたＦＬＹ ＯＮ ポイントまたは搭乗回数が各ステイタスの基準に達した日です。但し他サービス資格へ変更または資格失効となった場合は、すべてのマイルの有効期限が、資格変更または資格失効になった日の36ヶ月後の月末までとなります。スタイタスが継続中はマイルの有効期限がありません。

◀ＪＭＢ ＷＡＯＮカード 誰でも入手可能な無料のエントリーカード。

③ＪＧＣ Ｌｉｆｅ Ｍｉｌｅａｇｅプログラムで国際線通算搭乗マイル１､０００､０００マイル または、国内線搭乗回数１､２５０回を達成し「ＪＧＣ Ｆｉｖｅ Ｓｔａｒ」になるとマイルの有効期限廃止になり無期限となります。①は学生でないとできません。②と③はかなりハードルの高い条件ですが、③はＪＡＬでは国内線の搭乗回数でも可能なので、実際数十年がんばったら実現できる可能性がある制度です。

◀ＪＧＣ Ｆｉｖｅ Ｓｔａｒタグ
ＪＡＬマイラー最高峰のネームタグです。

●マイルへのポイント交換タイミングを工夫する

航空機の搭乗で貯める以上に実際のマイルを貯める方法で有力なのは、クレジットカードや様々な提携ポイントのマイル交換です。このポイント交換はマイルへ交換した時点からマイルの有効期限が発生します。マイルへ交換前のポイントにも有効期限がありますが、そのポイントの有効期限まではマイルへ交換しないでおくと、その分マイルの有効期限が長くできることにも注目しましょう。ＪＡＬカードのクレジットカード利用分のポイントは、ＡＮＡカードのようにポイントのまま貯めておくことができません。現在はマイルへの毎月自動移行となっていて、ＪＡＬカードではこの方法は応用できません。ＪＡＬカード以外のクレジットカードのポイントの交換時に有効な方法です。

●WAONと交換する

ＪＭＢの交換特典のひとつに「ＷＡＯＮ特典」があります。誰でも無料で入会できるＪＭＢ ＷＡＯＮ会員なら利用でき、２０２1年3月31日までなら4０、０００マイル＝5０、０００ＷＡＯＮ（5０、０００円相当：１マイル＝１・25円相当）とＪＡＬクーポンより好条件で交換できます。ＷＡＯＮ自体には有効期限がないのがメリットです。

●JALクーポンと交換する

ＪＭＢの交換特典のひとつにＪＡＬグループ航空券・ツアー購入や機内販売・ホテルでのお支払いなどにご利用いただけるクーポン券である「ＪＡＬクーポン」（１０、０００マイル＝１２、０００円相当分）があります。このクーポンは交換後有効期限1年後まで利用できるので、マイルの有効期限失効直前に交換することで実質的にマイルの有効期限を1年間延命できる機能があります。さらにこのクーポンの有効期限と予約のタイミングをフルに活用して航空券を購入すると最長約2年近くマイルを延命できることも可能です。

ＪＡＬクーポンは交換してから手元に届くまでには日数がかかります。特に年末年始の繁忙期はさらに日数を要する点に注意しましょう。

◀ＪＭＢ／ＷＡＯＮ
マイルから交換したＷＡＯＮには有効期限がありません。

●eJALポイントへの交換

ＪＭＢの交換特典である「ｅＪＡＬポイント」はＪＡＬグループ航空券・ツアー購入に利用できる電子ポイントです。「ｅＪＡＬポイント」の有効期限は特典交換を行った日の1年後の同月末です。つまりマイルの失効直前に交換すると、マイルをさらに1年間延命できる機能があります。さらに追加での特典交換によって有効期限の更新が可能なので、その時点で保有していたポイントも全て有効期限がさらに1年先に自動更新され、実質無期限にできる機能に注目しましょう。「ｅＪＡＬポイント」はＪＡＬクーポンよりも利用範囲は航空券・ツアー購入に限定されます。また交換単位数が５、０００マイル単位（５、０００円相当分）と１０、０００マイル単位（１５、０００円相当分）では交換率が異なります。

●特典航空券の有効期限と変更条件をフルに使う

「ＪＡＬ国内線特典航空券」は以前よりも有効期限が長く1年間となり、予約も３３０日前午前9時半から予約可能になるという条件に数年前から変更されています。この規約を応用すると、マイルの有効期限直前で国内線特典航空券をマイル交換して発行すると、マイルを実質的に1年間延長して利

◀eJALポイント交換WEB画面
ｅＪＡＬポイントへの交換はネット申し込み限定です。

用できることになります。但し未使用での払い戻しに関しては、使用したマイルが有効期限切れの場合でマイルは戻りません。これと同じ方法は「提携会社特典航空券」でも可能ですが、変更はJAL国内線特典航空券に比べ難易度が高く実効性はあまり高くありません。JAL国際線特典航空券は現在の規約では変更不可なので、この方法は生かせません。

かなり前からJAL国内特典航空券を使っていた方の中には、昨年度からJALカードのディスカウント期間が廃止されたり、予約期日や有効期間が変更されたりしたことに気がついていない方も多いかもしれません。こうした条件変化がマイルの使い方にも大きな差異が生じている実際の一例です。

●提携ポイントへ交換した後に再度マイル交換する

JALマイルを提携ポイントに交換した後再度マイルへ交換できる、**JALマイルとの相互交換可能なポイント**があります。その機能を使うとマイルを延命が可能です。その方法が可能なポイントは別表（JALマイルへの再交換可能な提携ポイント一覧）の通りです。再交換率で最高なポイントはエムアイポイントでJMBの上位会員（ステイタス保持者とJGC会員）に限定されますが、マイルから提携ポイント経由再交換で60％のマイルとし

◀**JAL国内線特典航空券予約画面**
一路線について　最大5日間の空席状況を確認できます。

て延長可能です。誰もが実践できる簡単な方法では、無料で登録可能なJMB×Ponta会員に登録した後、マイルをPontaに一旦特典交換し、再度そのPontaをJALマイルに交換し直すことでマイルを延命することが可能です。この方法ではどうしてもマイルの形で残したい方には有用な方法ですが、弱点は10、000マイル単位での交換でもマイルの価値が半減してしまうことです。、

＊ANAマイルでのANA To Me CARD PASMO JCB series（ソラチカカード）を使った再交換率は最高90%ですが、ポイントからマイルへは月1回20、000ポイントが交換上限なので一度にマイルを増やすことは限界があります。

ポイント⇒マイル交換単位	ポイント⇒マイル交換率が低下する年間交換上限ポイント数等の制約事項	最終再交換率
3,000	なし	60.00% 50.00% 25.00%
2,000	なし	50.00%
2,000	なし	50.00%
200以上20単位	なし	50.00%
5,000	なし	50.00%
2	なし	50.00%
2	なし	50.00% 25.00%
5,000	月間上限40,000ポイント	50.00%
1,000	1日に1度のみ	50.00% 25.00%
500	なし	40.00%
4,000	なし	25.00%

◀エムアイカード
JALマイルへのポイントの再交換が最も高率で可能なカード。

JALマイルへの再交換可能な提携ポイント一覧

<table>
<tr><th>ポイント名</th><th>再交換可能な会員カード</th><th>ポイントの有効期限</th><th>マイル⇒ポイント交換単位</th><th>交換後1マイルあたりのポイント数</th><th>マイル⇒ポイント交換年度交換上限マイル数</th></tr>
<tr><td rowspan="4">エムアイポイント</td><td rowspan="2">エムアイカード会員でFLYONポイントスタイタス会員&JGC会員</td><td rowspan="4">最長3年間</td><td>10,000</td><td>1.20</td><td rowspan="4">なし</td></tr>
<tr><td>3,000～9,000</td><td rowspan="2">1.00</td></tr>
<tr><td rowspan="2">エムアイカード会員でJMB一般会員</td><td>10,000</td></tr>
<tr><td>3,000～9,000</td><td>0.50</td></tr>
<tr><td>TOKYU POINT</td><td>JALカード TOKYU POINT ClubQ、TOKYU CARD ClubQ JMB</td><td>最長3年間</td><td>10,000</td><td>1.00</td><td>なし</td></tr>
<tr><td>小田急ポイント</td><td>JALカードOPクレジット</td><td>最長15ヵ月間</td><td>10,000</td><td>1.00</td><td>なし</td></tr>
<tr><td>KIPSポイント(*)</td><td>JMB KIPSカード</td><td>最長2年間</td><td>10,000</td><td>1.00</td><td>20,000</td></tr>
<tr><td>JTBトラベルポイント</td><td>JTB旅カードJMB会員、JTBトラベルポイント JMBカード会員</td><td></td><td>10,000</td><td>1.00</td><td>20,000</td></tr>
<tr><td>nimocaポイント</td><td>JMB nimocaカード会員</td><td>最長2年間</td><td>10,000</td><td>1.00</td><td>20,000</td></tr>
<tr><td rowspan="2">Pontaポイント</td><td rowspan="2">JMBローソンパスVISA会員</td><td rowspan="2">1年(利用実績で再更新)</td><td>10,000</td><td>1.00</td><td>なし</td></tr>
<tr><td>3,000～9,000</td><td>0.50</td><td>なし</td></tr>
<tr><td>dポイント</td><td>dポイントクラブ会員</td><td>最長48ヶ月</td><td>5,000</td><td>0.50</td><td>20,000</td></tr>
<tr><td rowspan="2">JRキューポ</td><td rowspan="2">JMB JQ SUGOCA会員</td><td rowspan="2">最長2年間</td><td>10,000</td><td>1.00</td><td rowspan="2">30,000</td></tr>
<tr><td>3,000～9,000</td><td>0.50</td></tr>
<tr><td>PiTaPa ショップdeポイント(*)</td><td>JALカード
(クレジット機能付カード)
個人会員でPiTaPaカード
(ANA PiTaPaカード除く)</td><td>最長2年間</td><td>10,000</td><td>10.00</td><td>20,000</td></tr>
<tr><td>ビックポイント(*)</td><td>JAL&Bicジョイントサービス登録者</td><td>最終利用日から2年間</td><td>10,000</td><td>1.00</td><td>20,000</td></tr>
</table>

*印のポイントと伊予鉄特典は同一年度(4月1日～翌年3月31日)において、これらの特典を組み合わせて交換する場合、交換マイル数の合計が30,000マイル(3回)以上は、交換率が変わります

マイルの延命策③
ANAマイレージクラブ（AMC）の対策

ANAマイレージクラブ（AMC）の仕組みを丹念に探るとマイルを延命することに利用価値のある方法として次のようなものが見つかります。

●マイルへのポイント交換タイミングを工夫する

航空機の搭乗で貯める以上に実際のマイルを貯める方法で有力なのは、クレジットカードや様々な提携ポイントのマイルへの交換です。このポイント交換はマイルへ交換した時点からマイルの有効期限が発生します。マイルへ交換前のポイントにも有効期限がありますが、そのポイントの有効期限まではマイルへ交換しないでおくと、その分マイルの有効期限が長くできることに注目しましょう。特にANAカードは各クレジットカードブランドによってそれぞれのサービスポイントが貯まり、そのポイントをマイルへ交換する方式を採っているので、自動移行コースを選択せずに、ポイントを個別交換する方法が可能です。

●ポイント

①ANAカードは各クレジットカードブランド別に貯まるポイントのマイルへの交換時に自動移行コースを選択せずに個別交換するとマイルの有効期限を実質的に延ばせる。
②特典航空券の有効期限と変更条件をフルに使い、約1年マイルの有効期限を延長できる。
③ANAカードの特定カード会員はポイントの相互交換を利用して再交換する際に減少率が少なく、マイル延命に有利。

現在JALカードでは、毎月マイル自動移行なのでこの方法は応用できません。ANAカードならではのマイルを長く使うために有効な方法です。

●特典航空券の有効期限と変更条件をフルに使う

ANA国内線航空券は以前よりも有効期限が長い1年間となり、年2回の一斉予約開始日に予約可能になるという条件に数年前から変更されています。この規約を応用すると、マイルの有効期限直前で国内線特典航空券をマイル交換して発券すると、マイルを実質的に最長約1年延長して利用できることになります。ANA特典航空券には国内線、国際線ともにシーズン制を採用しており、変更に伴いシーズン区分が変わりマイルが不足した場合にマイル口座に必要なマイル数がないと変更できないという条件があるので、ハイシーズンの最も交換マイル数を使った場合なら、特典航空券の変更をマイルの延命（最長1年間）に使うことが可能です。JMBと違う点は国際線特典航空券も有効期限内（1年間）なら変更可能な点です。但し未使用での払い戻しに関しては、使用したマイルが有効期限切れの場合でマイルは戻りません。これと同じ方法は提携会社特典航空券でも可能です。

ANA国際線特典航空券の利用期限

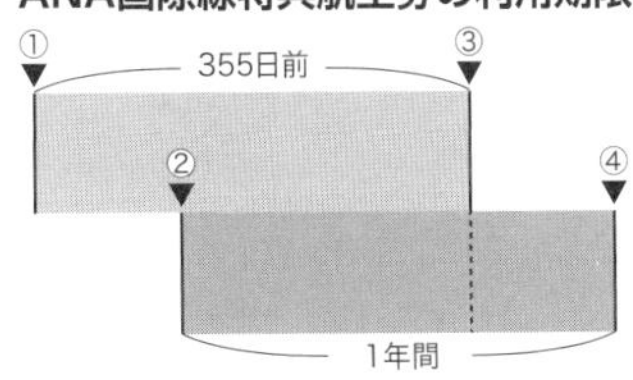

①予約開始日　②予約日（発券）
③当初の搭乗予定日　④有効期限

●ＡＮＡのマイルを無期限にできる方法

①ＡＭＣのステイタス会員であるプレミアムメンバーの「ダイヤモンドサービスメンバー」になると、対象期間中は、保有するマイルの有効期限がなくなり、対象期間中はマイルが失効しません。ダイヤモンドからほかのサービスに資格変更または、資格失効となった場合は、全てのマイルの有効期限が、資格変更または、資格失効になった日の36ヶ月後の月末までとなります。ステイタスが継続中はマイルの有効期限がありません。

②ＡＮＡミリオンマイラープログラムで入会からの総飛行距離でカウントされる「ライフタイム（ＬＴ）マイルが１、０００、０００マイル以上の会員」は未使用マイルの有効期限が延長され、生涯にわたってマイルが失効することがなくなります。

両方ともかなりハードルの高い条件ですが、②ではライフタイムマイルは特典航空券で利用した飛行距離もカウントされる（事後申請で可能）ことを知っておくと、だいぶ実現性が高くなります。

●ＡＮＡご利用券と交換する

ＡＭＣの交換特典のひとつにＡＮＡグループ航空券・ツアー購入や機内販

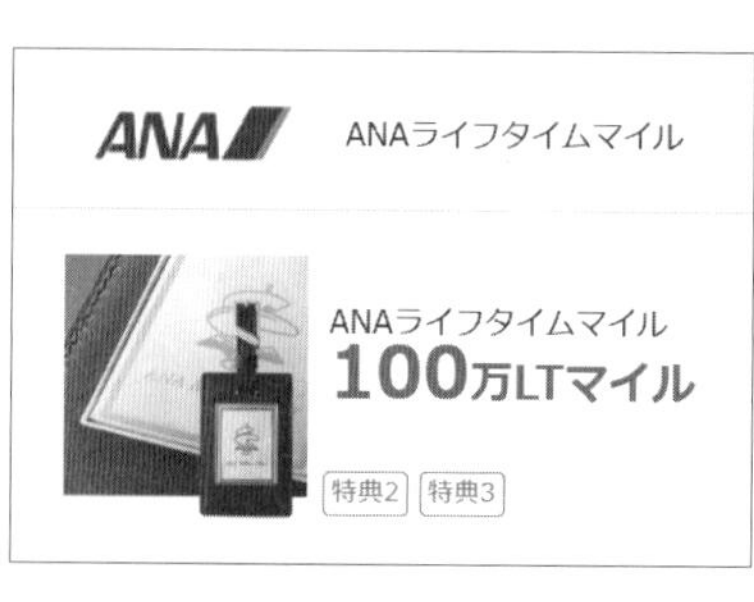

◀ＡＮＡライフタイムマイル１００万マイル
このタグを持ってるとマイルも生涯失効しません。

売・ホテルでの支払いなどに利用できるクーポン券である「ＡＮＡご利用券」（１０、０００マイル＝１万円相当分）があります。このクーポンは交換後有効期限１年後まで利用できるので、マイルの有効期限失効直前に交換することで実質的にマイルの有効期限を１年間延命できる機能があります。さらにこのクーポンの有効期限と予約のタイミングをフルに活用して航空券を購入すると最長約２年近くマイルを延命することも可能です。

ＡＮＡご利用券は交換してから手元に届くまでには日数がかかります。特に年末年始の繁忙期はさらに日数を要する点に注意しましょう。また家族のマイルも交換して一緒に使うこともでき、実質マイルを合算利用できます。

●ANA SKYコインへの交換

ＡＭＣの交換特典である「ＡＮＡ ＳＫＹ コイン」はＡＮＡ航空券・ツアー購入に利用できる電子ポイントです。ＡＮＡ ＳＫＹ コインの有効期限は特典交換を行った日の１年後の同月末です。つまりマイルの失効直前に交換すると、マイルをさらに１年間延命できる機能があります。

ＡＮＡ ＳＫＹ コインは、ＡＮＡご利用券よりも利用範囲は航空券・ツアー購入に限定されます。ただ交換価値はステイタス会員やカード会員等の会員種別や

◀ANA SKYコイン
１マイル単位で交換できるのがメリットです。

交換単位で1マイルの価値が最低1・0円相当から最大1・7円相当と交換率が異なります。ANA SKYコインの交換率は上級会員ならJALのeJALクーポンよりも有利ですが、eJALクーポンのようなコイン（ポイント）口座の残高の増減での有効期限の自動更新機能はありません。

●各種ポイントと交換する

AMCの交換特典のひとつに「提携ポイントへの交換」として、提携企業ポイントや電子マネーへの交換があります。この特典交換の一部は提携企業との提携カード会員限定のものがあります。さらに一部を除き年度内の交換数が30,000マイル以上の場合交換率が半減します。ANA To Me CARD PASMO JCB series（ソラチカカード）のメトロポイント交換、ANA TOKYU POINT ClubQ PASMO マスターカード会のTOKYU POINT、10,000ポイント交換、ANA VISA Suicaカード会員の「Suicaへの入金（チャージ）」はこの制限はありません。

マイルの失効対策としてあまり有効な方法ではありませんが、ポイントの有効期限分マイルの価値が延命でき、後述のように再交換できるものならマイルの価

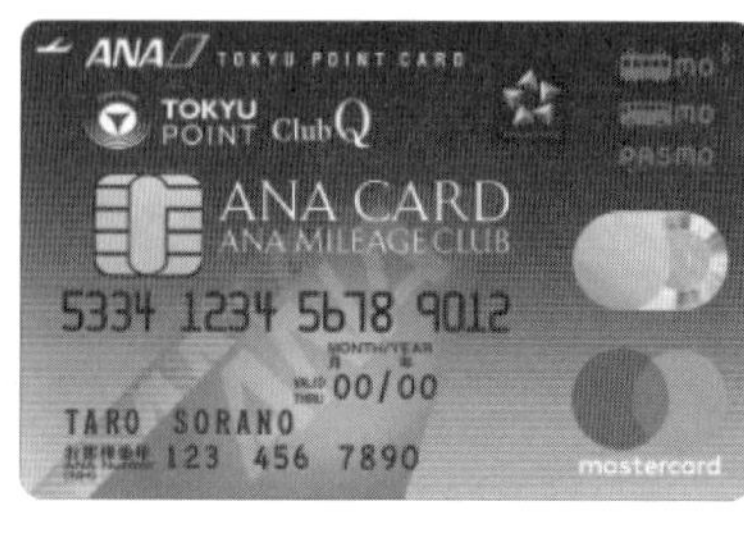

◀ANA TOKYU POINT ClubQ PASMO マスターカード
交換ポイントの年間上限がありません。

値は下がっても有効期限は延命できます。

●提携ポイントへ交換した後に再度マイル交換

ＡＮＡマイルを提携ポイントに交換した後、再度マイルへ交換できるポイントがあります。その機能を使うとマイルの延命が可能です。そのポイントはＪＭＢに比較して数が多く、再交換率でも最大でも60％であるＪＭＢでのマイルから提携ポイント経由再交換の方法よりも、特定のカード会員なら減少率が少なく（最大で再交換後で90％）有利なものがある点で注目です。詳しくは次頁の別表（ＡＮＡマイルへの再交換可能な提携ポイント一覧）を参照下さい。

マイルの価値が減じますが、失効を防ぎどうしてもマイルの形で残したい方には実効性のある方法です。マイルを「ＡＮＡ ＳＫＹコイン」や「ＡＮＡご利用券」に交換する方法でマイルの実質的な有効期限を延命する方法が、表向き、この提携ポイント経由の再交換よりマイルの価値の減少が少なく（1マイル＝最大1・7円相当）思えますが、国際線のファーストクラスやビジネスクラスでの特典航空券との交換なら1マイル最大20円相当以上になるマイルの価値です。遠距離路線やハイシーズンでの国際線のファーストクラスやビジネスクラスでの特典航空券との交換に数十万マイルを貯めようとする大物狙いに有効な手段です。

◀ANA To Me CARD PASMO JCB GOLD
ソラチカカードにゴールドカードができました。

ポイント⇒マイル交換単位	ポイント⇒マイル交換率が低下する年間交換上限ポイント数等の制約事項	最終再交換率	再交換可能な会員カード
100	1回1,000ポイント以上20,000ポイント（交換月1回限定）	90.00%	ANA To Me CARD PASMO JCB series（ソラチカカード）
1,000		60.00%	Tokyo Metro To Me CARD
1,000	なし	75.00%	ANA TOKYU POINT ClubQ PASMO マスターカード
10	なし	70.00%	ANA VISA nimocaカード
100	なし	60.00%	μstar会員登録済のANAマイレージクラブ会員
1,000	なし	60.00%	京成カード本会員
1,000	なし	0.75%	JQ SUGOCA ANA」会員
500	なし	50.00%	nanaco会員
500	なし	50.00%	Tポイント会員
500	なし	40.00%	ANA JCBカード、ANA VISAカード、ANAマスターカード、ANA VISA Suicaカード会員かつ、ANA PiTaPaカード会員
10,000	なし	40.00%	タカシマヤカード《ゴールド》会員
2,000	なし	20.00%	タカシマヤカード会員
3,000	月間1回&上限30,000ポイント	30.00%	JRタワースクエアカード会員
4,000	なし	25.00%	ヤマダウェブコムポイント所持会員
2,000	22,000から交換率半減	25.00%	エムアイカード会員
500	なし	20.00%	マツモトキヨシ現金ポイントカード他

ANAマイルへの再交換可能な提携ポイント一覧

ポイント名	ポイントの有効期限	マイル⇒ポイント交換単位	交換後1マイルあたりのポイント数	マイル⇒ポイント交換率が低下する年間上限交換マイル数
メトロポイント	最長2年間	10,000	1	なし
		10,000	1	20,000
TOKYU POINT	最長3年間	10,000	1	なし
nimocaポイント	最長2年間	10,000	1	なし
μstar(ミュースター)ポイント	最長2年間	10,000	1	20,000
京成グループポイント	最長2年間	10,000	1	20,000
JRキューポ	最長2年間	10,000	1	20,000
nanacoポイント	最長2年間	10,000	1	なし
Tポイント	1年(利用実績で再更新)	10,000	1	20,000
PiTaPa ショップdeポイント	最長2年間	10,000	10	20,000
高島屋ポイント	最長16ヵ月	10,000	1	20,000
JRタワースクエアポイント	最長2年間	10,000	1	20,000
ヤマダポイント	1年(利用実績で再更新)	10,000	1	20,000
エムアイポイント	最長3年間	10,000	1	20,000
マツモトキヨシポイント	最長2年間	10,000	1	20,000

マイルの延命策④
海外航空会社マイレージの対策

新型コロナウイルスの影響で特に問題なのは、海外航空会社の中に経営不安が報じられている会社があることです。できればそうしたうわさがある航空会社のマイレージはマイルの延命よりも、早目に特典に交換精算しておくに越したことはありません。

●マイルの延命

デルタ航空の「スカイマイル」はマイルが無期限であり、この点で問題がありません。海外航空会社のマイレージの一部には、マイルを延命（有効期限の延長）が可能な制度があります。まず代表的な仕組みでは、マイル口座の変動アクション（口座にあるマイルの増減）があると、その時点からさらに一定期間延長され、実質的に無期限に延期できるものがあります。この仕組みを採用しているのは、米国系のユナイテッド航空の「マイレージプラス」、アメリカン航空の「ＡＡｄｖａｎｔａｇｅ」、エールフランス航空・ＫＬＭオランダ航空の「ＦｌｙｉｎｇＢｌｕｅ」などです。実際航空機利用以外の提携サービス

●ポイント

①海外航空マイレージでも、マイルの有効期限が1年を切りそうなら、早急な特典交換かマイル延命の具体的な対策を急ぐべき。
②コロナ時代の海外航空マイレージの現実的な解決策としては提携航空会社の日本国内線での特典航空券利用。
③海外マイレージでの特典航空券以外で国内利用できる交換特典では宿泊施設やレンタカーが一部で可能。

の利用でもマイル口座の増減は可能なので、そうした方法でマイルの延命は可能です。これとは別に、失効したマイルを手数料を払い復活させることができるユナイテッド航空の「マイレージプラス」などもあります。海外航空のマイレージではマイルの有効期限4年から10年と長いものが多いのが特徴です。

●有効期限が1年を切ったマイルは要注意

新型コロナウイルスの影響で海外旅行の制限が解消されるまで、マイルを延命するにしても、その間に条件変更で不利になることも考えられない訳ではありません。特典航空券の多くは約1年前から予約可能ですが、マイルは有効期限が1年を切ると利用条件が劣化していきます。特に海外旅行では、自分の都合に合わせてシーズンを自由に選んだ特典航空券の交換の予約が取りづらくなるなど、様々な制限が加わるからです。新型コロナウイルスの終息が見通せない現在、近い内にマイルの有効期限が1年を切りそうなら、早急に特典交換かマイルの延命等の具体的な対策を急ぐべきでしょう。

●日本国内線特典航空券での利用

JMBやAMCの日本地区会員の特典交換に比べると、海外航空会社マイ

◀ユナイテッド航空マイレージプラスホームページ
日本語対応のホームページです。

レージの日本地区会員の特典交換の選択肢は見劣りします。ここしばらく海外路線で特典航空券の利用ができないと考えると、現実的な方法としては提携航空会社の日本国内線での特典航空券利用です。スターアライアンス加盟の航空会社ならＡＮＡ国内線で特典航空券が、ワンワールド加盟の航空会社ならＪＡＬ国内線で特典航空券が利用できます。スカイチーム加盟には日本の航空会社はありませんが、デルタ航空では提携クレジット会員とメダリオン会員（ステイタス保持者）に限りスカイマークの国内線がマイルで利用できます。

●特典航空券以外の特典利用

海外マイレージでの特典航空券以外の交換特典となると、マイルで宿泊施設やレンタカーを利用するとか、ネットでマイルを使ってショッピング等の利用法が考えられます。これら航空券以外の特典の種類は航空会社で異なります。さらに会員の在住地域や会員区分（ステイタスや提携クレジットカード会員等）で条件が異なることもあり、日本地区会員の一般会員ではそのすべてが利用できるとは限りません。日本地区会員向けの特典航空券以外のギフト商品等をマイル交換できる特典メニューされている航空会社はルフトハンザ航空やキャセイパシフィック航空等ですが、全体的に少数派です。

◀ユナイテッド航空マイレージプラス・レンタカー特典予約画面
英語でのＷＥＢ利用になります。

マイレージを有利なポイントサービスと割り切る

ここ数年で主要なポイントサービスの付与率が知らない内に、大幅に劣化してきています。一方マイルは電子マネーや共通ポイントへも交換できます。見方を変えればマイレージのポイントであるＪＡＬやＡＮＡのマイルは、還元率で最も条件が良いポイントになってきているので、共通ポイントと同じように利用範囲の広いポイントと割り切って使うのも方策のひとつです。

●知らない内に進行するポイントサービスの還元率低下

今まで多くの共通ポイントのポイント付与率では１００円の利用で1ポイント（1円相当）という1％還元が多くの店舗やサービスで獲得できていました。しかし気がつかない内に、その半分の２００円につき1ポイント（1円相当）と半減（付与率：０.５％）するなど条件低下の変更が多くなってきています。２０２1年1月になりセブンイレブンでのｎａｎａｃｏポイント付与率は、店頭ポスターであっさり（２００円＝１ポイント）と変更告知されていますが、これに限らずポイント付与率の低下は知らずにどんどん進行しています。一度各種ポイントの最新の付与条件を該当するホームページでの再点検をお勧めします。

●ポイント

①各種ポイントの最新の付与条件を該当するホームページで再点検して、マイルとの条件比較を常に意識する。
②ＪＭＢとＡＭＣには、様々な提携サービスがあり、各種のポイントを一つのまとめる集約性に優れている。
③航空会社の提携クレジットカードや有料アプリは年間に利用する対象額を事前試算し、その元が取れることを確認して利用。

●マイルの集約性と交換の多様性に注目する

ＪＭＢとＡＭＣという日本の2大マイレージは、様々な提携サービスがあり、各種のポイントをひとつにまとめる集約性に優れていると同時に、交換できるポイントや電子マネーなど交換特典の種類も多様です。その点では共通ポイント以上に多様な使い方ができるポイントサービスなのです。

●マイル増量のコストを意識する

マイレージ提携クレジットカードや（ＪＡＬカード、ＡＮＡカード等）やＡＭＣのモバイルマイル等の会員になることで、マイル積算条件をアップできます。ただしこれにはカード種別で年会費や交換手数料等の追加費用がかかります。年間に利用する対象額を試算し、その元が取れることを確認して利用したいものです。ちなみにＡＭＣモバイルプラスは、通常楽天Ｅｄｙ使用時の２００円＝１マイルが２００円＝３マイルに優遇されるオプションプログラム（月額３００円）で、マイル増量は月間2、０００マイルが上限です。毎月3万円以上20万円以内の楽天Ｅｄｙ利用者にはメリットが大です。さらにこの会員は特典航空券の先行予約やＡＮＡ ＳＫＹコインの交換率での優遇策が付いています。

◀ＡＭＣモバイルプラス・スマホ画面
ＡＮＡマイル増量に利用しやすいオプションです。

PART Ⅳ

マイレージの基本情報を再点検

新型コロナウイルス感染拡大で、マイレージの活用方法は以前よりも増して工夫が必要です。本パートではマイレージの基本情報を再点検し、コロナ時代に即した合理的な利用法をまとめてみました。経験者や中級者の方も、再点検の意味でざっと目を通していただければと思います。

マイレージの選択と集中

マイレージは世界中の航空会社にあり、まずはどのマイレージを選択するかが問題となります。日本地区在住者であれば、航空機利用以外でも圧倒的な提携サービスが多いＪＡＬやＡＮＡのマイレージを選ぶのが自然でまた利点が多いのは自明です。ＪＡＬやＡＮＡ以外の国内航空会社のマイレージは路線や交換特典が限定されますが、家族以外の方も特典航空券が利用できる特長があります。海外便の利用が多い方や特段の事情がある方は、海外航空会社のマイレージも選択候補となりますが、ホームページ等日本語の利用環境や交換特典、提携サービスに注意する必要があります。

●「選択と集中」がマイレージ攻略の肝

コロナ時代で航空機利用の機会が減少している環境では、将来の復興を前提にしても、当面カード会費等運用コストを抑えてマイルを貯め好機に備えるマイレージ利用法が賢明だと思います。この際利用するマイレージを絞り、集中的に活用することが肝要です。その為にはマイレージの規約を読み込み、自分の目的・目標に最も適合したマイレージとその会員カードを再考

●ポイント

①コロナ時代のマイレージ利用はカード会費等運用コストを抑えてマイルを貯め好機に備える。
②長期間マイルが貯められ恋人や友人も使える海外系のマイレージは特典の種類や提携サービスでＪＡＬやＡＮＡより劣る。
③Ｔポイント等共通ポイントの条件が劣化進行でＪＭＢやＡＭＣは最も好条件な疑似共通ポイントサービス。

してみましょう。長い間同じ内容だと思っていたJALとANAのマイレージも、ここ数年で細部では相当な違いがでてきています。その点にも注意を払って選択、利用するのは必須の課題です。

●海外航空のマイレージのメリットは有効期限と利用者

海外航空のマイレージにはユナイテッド航空の様にマイルの有効期限が実質無期限なものがあり、長期間貯めておくことができ、特典利用も家族以外に恋人や友人にも利用させられるものがあります。アライアンス提携で日本国内線の利用でもマイルが貯まり特典航空券も利用可能なものが多くありますが、交換特典の種類や提携サービスではJALやANAより劣ります。

●JALとANAのマイレージは好条件の共通ポイントサービス

JMBやAMCは、航空機に乗る機会が少なくても様々な消費活動でマイルが貯めやすく、他のポイントも交換によってマイルに集約できる点が大きなメリットです。Tポイント等の共通ポイントサービスの加算条件や交換条件が劣化してきている最新の情勢では、今やJMBやAMCは最も好条件な共通ポイントサービスとして集中利用するのが合理的です。

◀スカイマイル会員カード
スカイマイルの有効期限は無期限です。

日本語のマイレージホームページがある航空会社一覧

2021年1月現在

アライアンス	航空会社	マイレージ名	マイルの有効期限	日本国内マイレージ電話窓口	日本国内提携クレジットカード発行
ワンワールド	アメリカン航空	AAdvantage	条件付き無期限	○	○
	ブリティッシュ・エアウェイズ	Executive Club	条件付き無期限	○	×
	フィンエアー	フィンエアープラス	条件付き無期限	○	×
	イベリア航空	Iberia Plus	条件付き無期限	○	×
	カタール航空	プリビレッジクラブ	3年半	○	×
	キャセイパシフィック航空	アジア・マイル	条件付き無期限	○	○
	カンタス航空	フリークエントフライヤー	条件付き無期限	○	×
スターアライアンス	ユナイテッド航空	マイレージプラス	無期限	○	○
	ルフトハンザ航空	マイルズ・アンド・モア	3年と最大3ヶ月	○	○
	スイス・インターナショナルエアラインズ				
	オーストリア航空				
	エアカナダ	エアロプラン	最長で7年間	○	×
	エバー航空	インフィニティーマイレージランズ	36ヶ月後の末日	○	×
	スカンジナビア航空	ユーロボーナス	4年と11か月	○	×
	中国国際航空	フェニックスマイル	36ヶ月	○	×
	シンガポール航空	クリスフライヤー	3年間	○	○
	アシアナ航空	アシアナクラブ	10年間	○	○
	タイ国際航空	ロイヤルオーキッドプラス	3年	○	○
スカイチーム	デルタ航空	スカイマイル	無期限	○	○
	大韓航空	スカイパス	10年間	○	×
	エールフランス	フライング・ブルー	条件付き無期限	○	×
	アリタリア航空	ミッレミリアプログラム	24ヶ月	○	×
	アエロメヒコ	クラブプレミエ	条件付き無期限	○	×
	ガルーダ・インドネシア航空	ガルーダマイルズ	36ヵ月間	○	○
	KLMオランダ航空	フライング・ブルー	条件付き無期限	○	×
	チャイナエアライン	ダイナスティ・フライヤー・プログラム	36ヵ月間	○	○
	ベトナム航空	ロータスマイル	2年〜3年	○	×
その他	エミレーツ航空	スカイワーズ	最長4年	○	×
	ハワイアン航空	HawaiianMiles	条件付き無期限	○	○

マイレージ会員カードの選択

ＪＡＬとＡＮＡのマイレージには多種の会員カードがあり、どれにすべきか迷います。マイルを貯めるのに条件が良い提携クレジットカードは年会費がかかります。積極的にマイルを貯める目的があれば有料カードは得策です。それ以外の目的や会員継続だけなら内容を比較検討した上、無料の会員カードや、条件次第で年会費や移行手数料を無料にできるカードに絞るなどして、マイレージ維持費を再考しましょう。

●マイレージ会員カードの主な種類と概要

(1) 普通会員カード

誰でも無審査で入会し利用できる会員カードで、年会費、交換手数料などの費用はかかりません。ＪＡＬではＷＡＯＮ付きのカードも無料で、満55歳以上対象のＪＭＢ／ＷＡＯＮ　Ｇ·Ｇカードは有効期限が60ケ月に延長されます。

(2) 航空会社提携クレジットカード

クレジット機能付きなので入会には審査や年会費が必要です。海外航空のマイレージでも日本地区会員で入会可能なものがあります。ＪＡＬカー

●ポイント

①継続だけの目的なら無料カードや、年会費や移行手数料を無料にできるカードに絞る。
②カード退会は、会費更新時期を選び、利用していた付帯サービスやマイルやポイントの移行手続きに注意。
③年会費が無料にできる各種マイレージ提携カードに注目。ＪＡＬカードはマイルで年会費が払える。

ドとANAカードはこのタイプのカードです。学生向け、若年層限定カード等では特別な優遇策が付与されているカードもあります。

(3) 企業提携カード

JMBやAMCには、同じクレジット機能付きの提携カードでも他の企業などとの提携カードは機能が異なります。これらの殆どはJALカードやANAカード固有の特典は利用できません。

(4) ステイタス保持が継続可能な特別クレジットカード

JMBにはJALグロバールクラブ（IGC）、AMCにはANAスーパーフライヤーズカード（SFC）という、一定の上級会員資格を獲得した会員向けに、クレジットカードの年会費を払い継続している間、上級会員の資格を保持し続けることができる特別なクレジットカード会員の制度があります。このような制度は海外航空会社のマイレージにはなく、加盟するアライアンス（航空会社連合）でも共通のステイタスの適用を受けることができます。

(5) 家族会員カード

クレジット機能付き提携カードの多くには家族カードがあり、追加の入会審査が不要で、発行手数料や年会費が優遇または無料となります。但しショッピングの利用で貯まるマイルは本会員の口座になる点に注意しましょう。

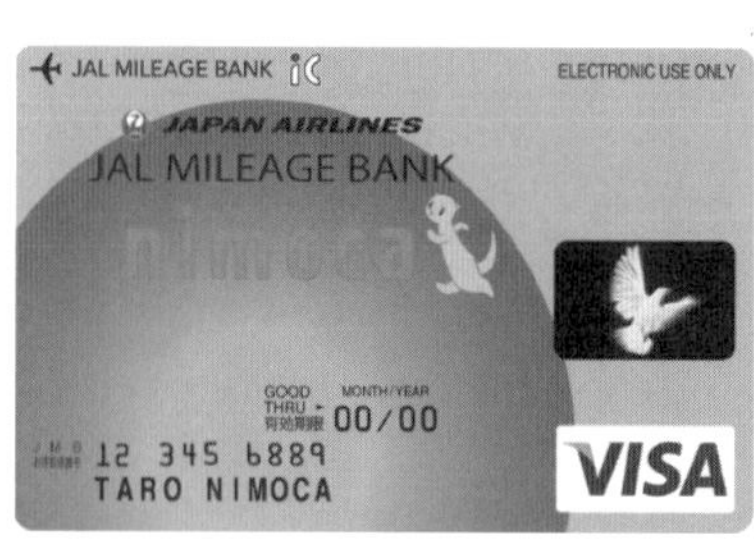

◀JMB nimoca クレジット機能付きのJMB提携カードでJALカードではありません。

●クレジット機能付き会員カード退会での注意点

クレジットカード機能付きの会員カードを退会するには、年会費の更新時期を選び、利用の付帯サービスやマイル等の移行手続きに注意が必要です。

●年会費が無料にできる注目のマイレージ提携カード

①AMC：楽天ANAマイレージクラブカード

年に1回以上の利用で年会費が無料になり、楽天Ｅｄｙへのクレジットチャージで200円＝1マイル加算でき、AMCモバイルプラス（月額300円）の併用で、200円で4マイル（月額20万円上限）の好条件でマイルを貯められます。

②JMB：りそなVisaデビット一体型ICキャッシュカード

年に1回のショッピング利用で年会費が無料になり、JAL航空券購入は100円＝1マイル加算できるのがメリットです。クレジットカードではないVISAデビットなので15歳以上なら加入できます。

③JMB：JALカード（普通カード以外）

普通カード以外のJALカードはマイルを使って年会費を無料にできます。JAL CLUB EST年会費、JALカード ツアープレミアム年間登録手数料などや家族カードだけの年会費対象外です。

◀りそなデビット一体型ICキャッシュカード
15歳以上が入会可能で年1回以上の利用で会費がかかりません。

会員区分とそのサービス内容

マイレージには実際の航空機の搭乗実績によって会員の区分（一般会員と上級会員）があります。会員区分とは直接関係ありませんが、航空会社の提携クレジットカードの種別によっても優遇内容に差があります。また多くのマイレージには会員の保有するマイルや交換特典の利用者の制限があります。

●会員区分での特典航空券交換条件の差は少ない

マイレージの特典航空券の交換に必要マイル数は、一部の例外はあるものの、基本的には一般会員も上級会員も同じです。但し上級会員のランクによって優先予約などの優遇策や特別な特典航空券（例：ＪＭＢダイヤモンド特典航空券）の設定などがあります。特典航空券以外の各種特典では上級会員のランクによってそのサービスの内容が異なります。

●マイル交換特典の利用者

ＪＭＢとＡＭＣでは交換特典の利用者は家族限定です。一方、海外の航

●ポイント

①特典航空券の交換に必要マイル数は基本的には一般会員も上級会員も同じ。
②ソラシドエア、スターフライヤー、エアドゥ、多くの海外航空会社の特典航空券の利用は会員の認めた方なら誰でも可。
③いくらマイルを貯めても、搭乗での「上級会員資格ポイント」が一定期間内（通常は暦年1年間）に基準に達しなければ、上級会員資格を得ることはできない。

空会社のマイレージでは会員が認めた方なら誰でも利用できるものがあります。日本のソラシドエア、スターフライヤー、エアドゥも同じです。家族以外の恋人や友人にプレゼントすることが可能です。

●上級会員区分はマイルとは違う搭乗実績ポイントで決まる。

マイレージ会員の上級会員になるには、実際のその航空会社と同じアライアンス（航空会社連合）の運航便に有償で搭乗して得られるポイント（上級会員資格ポイント）を得る必要があります。いくら「マイル」数が増えても、実際の航空機搭乗で付与される「上級会員資格ポイント」が一定期間内（通常は暦年1年間）に基準数量に達しなければ、上級会員の資格を得ることはできません。この会員区分のサービス概要の例として97頁の別表（ANAとJALのマイレージ上級会員区分とその代表的サービス内容）を参照下さい。

●航空会社提携クレジットカードの優遇策

航空会社の提携クレジットカードにはフライトボーナスマイル等の優遇策がありカードの種別で内容は異なります。一部カードはマイレージ

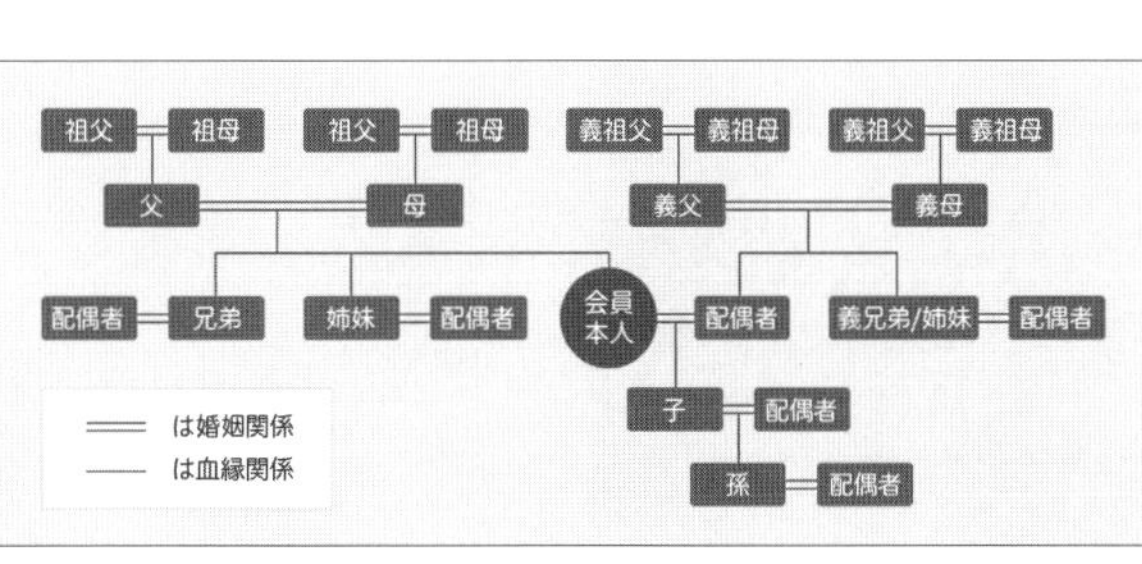

◀マイレージ特典利用者（JMB、AMC）
会員本人と2親等以内の家族とその配偶者が利用できます。

にはラウンジ利用などステイタスサービスの一部が提供されるものがあります。

●マイルが現金同様に使える注目のJMB会員カード『JAL Global WALLET』

JALマイレージバンク会員カードにはマイルチャージが可能なキャッシュカードとして「JAL Global WALLET」があります。パートナー特典のポイントと（JGWポイント）との交換ですが、実は海外ではATMで現地通貨を引き出す機能がある点が特筆されます。10,000マイル単位なら11,000円相当分の交換率であり、上級会員には交換率が優遇されるキャンペーンが実施されたりします。

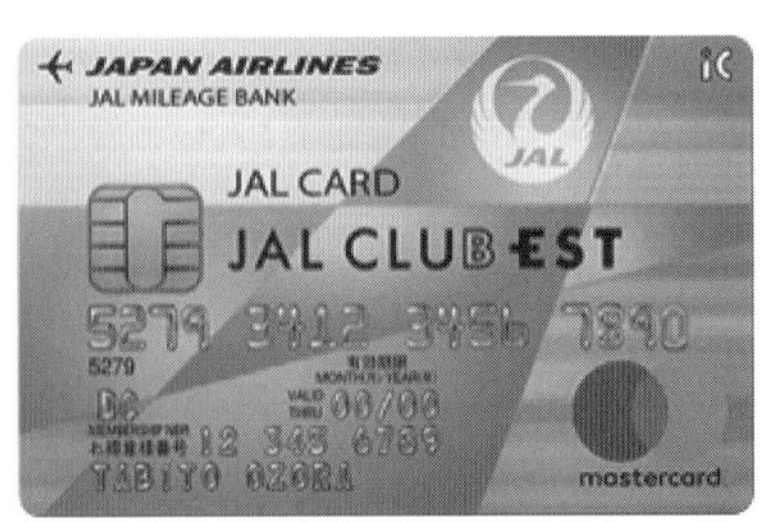

◀JALカード CLUB EST 年5回ラウンジの利用ができるJALカードです。

ANAとJALのマイレージ上級会員区分とその代表的サービス内容

AMCプレミアムメンバー区分と代表的サービス内容

サービス内容代表例	プレミアムメンバー			SFC
	ブロンズ	プラチナ	ダイヤモンド	
資格獲得最低ポイント数 ()内ANA便利用分	30,000 (15,000)	50,000 (25,000)	100,000 (50,000)	—
スターアライアンス共通ステイタス	シルバー	ゴールド	ゴールド	ゴールド
ANA便ボーナスマイル	40-55%	90-105%	115-130%	30-50%
ラウンジ利用(ANA Suite LOUNGE)	×	×	○	×
ラウンジ利用(ANA LOUNGE)	マイルまたはアップグレードポイントでの利用のみ	○	○	○
SFC入会資格	×	○	○	—
ANA SKY コインへの交換率優遇 (1万マイル以上)	1.3倍～1.7倍	1.3倍～1.7倍	1.3倍～1.7倍	1.2倍～1.6倍
国際線特典航空券・ アップグレード特典の優先	×	○	○	○
専用保安検査場利用	×	○	○	○
手荷物許容量優待	×	○	○	○
IHG・ANA・ホテルズグループジャパンでの優待	×	○	○	○
ダイアリー・カレンダー・手帳のプレゼント	×	○	○	○ 本会員のみ

JMB FLY ON ステイタス会員区分と代表的サービス内容

サービス内容代表例	FLY ON ポイントステイタス				JGC
	クリスタル	プラチナ	JGCプレミア	ダイヤモンド	
資格獲得ポイント数コース ()内JALグループ便利用分	30,000 (15,000)	50,000 (25,000)	80,000 (25,000)	100,000 (50,000)	—
資格獲得搭乗回数併用コース ()内JALグループ便回数分	30(15) + 10,000FOP	50(25) + 15,000FOP	80(40) + 25,000FOP	120(60) + 35,000FOP	
ワンワールド共通ステイタス	ルビー	サファイア	エメラルド	エメラルド	ワンワールド サファイア
JAL便ボーナスマイル	50%	105%	105%	130%	35%
ラウンジ利用(JALファーストクラスラウンジ)	×	×	○	○	×
ステイタス提示のラウンジ利用 (サクララウンジ)	×	○	○	○	○
JGC入会資格	×	○	—	○	—
国内線の優先搭乗	×	○	○	○	○
国内線特典航空券優先予約	×	×	○	○	×
専用保安検査場利用	×	○	○	○	○
手荷物許容量優待	△	○	○	○	○
マイルの有効期限の廃止	×	×	○	○	×
JALとっておきの逸品限定商品	×	○	○	○	×

上級会員資格ポイント

マイレージは2つのポイントがあります。「マイル」とよばれる特典交換用のポイントと会員区分に関係する「上級会員資格ポイント」です。「上級会員資格ポイント」はJALでは「FLY ONポイント」、ANAでは「プレミアムポイント」など各社で呼称が異なります。またこのポイントで獲得できる上級会員資格は「サービスステイタス」と言い、獲得ポイント数で会員区分があります。マイルは有効期限まで累積で貯めることができますが、「上級会員資格ポイント」は原則暦年ベースの年度単位での更新となります。

●**上級会員資格ポイントは航空機利用でのみ獲得可能**

マイレージは元々はFFP（Frequent Flyer Program）と称する航空会社の多頻度利用者向けのお得様サービスで、航空機の利用実績に基づきその優遇策として空港内で専用ラウンジや優先搭乗などを提供しています。それが上級会員制度（ステイタスサービス）です。この資格獲得に必要なポイントは「マイル」とは異なり、実際の航空機利用でしか獲得で

●ポイント

①上級会員資格の「サービスステイタス」は獲得ポイント数で会員区分（ランク）があり、提供サービスの内容が異なる。
②上級会員が自動継続できるJGCやSFCの入会資格獲得目的で航空機利用を繰り返すことが「マイル修行」。
③2021年度に新たに上級会員資格を得ようとする方には、国内線利用がチャンス。

きません。獲得ポイント数に応じてランクがあり、ランクごとにサービス内容が異なります。また殆どの航空会社が年度単位での更新で、毎年一定数のポイントを獲得しなければ、翌年は資格を失います。但しＪＡＬとＡＮＡには一定の資格を得た会員が入会できる上級会員資格を継続できる特別な提携クレジット会員制度（ＪＡＬグローバルクラブ（ＪＧＣ）やＡＮＡスーパーフライヤーズカード（ＳＦＣ））があり、この会員になる目的での搭乗実績確保のために航空機利用を繰り返すことがいわゆる「マイル修行」です。

●コロナ時代の上級会員資格ポイント獲得対策

新型コロナウイルスの問題解決に時間がかかっている今日、実際の航空機利用の機会が減少しているので、前述の通り航空会社も上得意先である上級会員向けの救済策を講じています。しかし２０２１年度に新たにこの資格を得ようとする方には、ＪＭＢでは２０２１年度はＪＡＬカード会員限定で初回搭乗時に５,０００ＦＯＰポイントの付与があるキャンペーン参加が有効な対策です。ＡＮＡでは、２０２１年に限りマイレージ会員に向けたボーナスプレミアムポイントが実施され、少ないポイント数でサービスステイタスを獲得できる「ＳＴＡＴＵＳ ＣＨＡＬＬＥＮＧＥ２０２１」もあります。

◀ＪＧＣカウンター（羽田空港）
コロナ禍前なのでスタッフもマスクしていません。（２０２０年１月）

マイルの貯め方

マイレージは各航空会社のポイントサービスです。元々搭乗距離のマイル数に応じて付与されることが基本であったので、そのポイントの単位に「マイル」という呼称が採用されています。マイレージの利用はこの「マイル」を貯めることから始まります。ホテルやレンタカー等旅行関連の企業との提携を手始めに、様々な生活関連サービスにも提携サービスを拡大してきています。そのことから航空機利用以外でのマイル獲得（「マイルを貯める」）の機会が飛躍的に増大しています。ここではどんなマイルの貯め方ができるのか、整理してみましょう。

●航空機の利用

一口に航空機利用ならマイルが貯められるといっても、その条件で同じ区間を搭乗しても積算数の差が大きく異なることがあります。マイルの積算数を日頃から調べて、有利な獲得法でマイルを貯めていくことが肝心です。航空会社利用時でもマイレージ会員に登録していないとマイルは貯められません。会員登録を忘れた場合は事後登録（概ね6ヶ月位以内）が可能です。

●ポイント

①搭乗での獲得マイルは距離（区間マイル数）、航空券種別（予約クラス）、会員区分（ステイタス）等で、マイレージによって規定された個々の計算基準で異なる。

②航空会社提携クレジットカード利用は日頃の生活支出をもれなくマイル獲得につながられる。

③ネットショッピングでのマイル獲得は、利用サイトへのアクセスが航空会社のホームページ経由でないとマイルが積算されない。

マイルの積算数は、**搭乗区間の距離**（**区間マイル数**）、**航空券の種別**（**運賃や搭乗クラスごとに定まる予約クラス**）、**会員区分**（**ステイタスの有無**）**等**で、マイレージによって規定された個々の計算基準で異なります。ツアー等の利用でもマイルは貯められますが、旅行会社企画等で国内団体旅行扱いのもの等ではマイル積算の対象外もあります。ツアーでのマイル獲得に確実を期すには申し込む前に旅行代理店での確認が必要です。さらに航空会社によっては、自社ブランドを冠した提携クレジットカード会員には、特別の加算マイルが獲得できる制度があります。格安運賃では全くマイルの加算がない運賃もあります。特典航空券など無償運賃ではマイルの加算はありません。

●提携クレジットカードの利用

本格的にマイレージを攻略しようとするなら、航空会社の提携クレジットカード（JALカードやANAカード等）に入会利用し、マイル獲得数を増やす方策をとりましょう。この種のカード会員には、マイルを貯めるのに有利な搭乗時のボーナスマイル等様々な優遇策があるからです。但し最近は同じクレジットカードの機能が付いた提携企業との多目的カードもありますが、優遇策が航空会社の提携クレジットカードとは異なる別物ですので注意

◀ANA VISAプラチナ プレミアムカード
特典が充実した最上位のANAカード。

しましょう。また航空券を利用便の航空会社から、その提携クレジットカードで直接購入するとマイル獲得条件は特に優遇されます。また各種の優遇策はカードの種別（普通、ワイド、ゴールド、プラチナ等）で、異なります。最近は日本でもクレジットカードが使える範囲が拡大してきていますので、日頃の生活支出をもれなくマイル獲得につなげられるので、カード費用がかかりますが、その分以上に有利な条件でマイルを貯められます。注意すべき点では家族会員カードのショッピング分のマイルは本会員口座に積算されることです。

●電子マネー・デビットカード・決済アプリの併用

小額決済で便利な非接触型の決済アプリや電子マネー、デビットカードでもマイルが貯められます。年齢的にクレジットカードが利用できない高校生以下の方でも、これらの方法なら家族旅行での航空機利用のマイルを無駄にすることなく、特典航空券の交換単位までマイルを増やすことが可能です。

●ネットショッピング・多岐にわたる提携企業の探し方

実際の店舗やネットショッピングでは、非常に多くの業種にマイレージ提

◀JMB G.G WAONカード
このカードなら電子マネーWAONでJALマイルが5年間貯められます。

携が拡大しています。またその提携サービス自体、提携店舗やサイトとその積算条件等の改廃も多いので、しっかり攻略しようとするなら、マイレージのホームページから提携企業を事前検索して利用しましょう。特にネットショッピングでのマイル獲得は利用サイトへのアクセスが航空会社のホームページ経由でないとマイルが積算されない点に注意が必要です。また実店舗での利用では、支払い前に会員証の事前提示することを忘れないことです。

●旅行関連でのマイル獲得とマイル増量プラン

マイルが貯められる提携サービスでは、どのマイレージにもある最も一般的なものが、ホテルやレンタカー等の旅行関連の提携サービスです。特にＪＡＬやＡＮＡには系列ホテルもあり、さらに自社ＷＥＢからのホテル予約では通常獲得のマイルよりも増量マイルプランが予約できるなど、マイルを短期で増やしたい方には注目すべきマイル攻略法のひとつです。この「マイル増量プランのホテル例一覧」を次頁に掲載してあります。また海外ホテルチェーンでは様々なマイルに交換できるホテルポイントを購入できるものもあり、ＪＡＬやＡＮＡの様にマイルを購入できないマイレージでは、この方法を使い間接的にマイルが購入できます。

◀追加マイルプランでの宿泊マイルを一気に増量できる有力な方法です。

JALマイレージバンク(JALイージーホテル)

都市	ホテル名	マイル増量	獲得総マイル数	室料(税込・円)	マイルコスト
札幌	リッチモンドホテル札幌大通	5,000	5,190	19,000	3.66
小樽	ドーミーインPREMIUM小樽	2,000	2,131	13,190	6.19
旭川	天然温泉プレミアホテル-CABIN-旭川	2,000	2,100	10,000	4.76
函館	ラ・ジェント・ステイ函館駅前	2,000	2,126	12,690	5.97
帯広	ふく井ホテル	3,000	3,129	12,900	4.12
	ドーミーイン帯広	2,000	2,069	6,900	3.33
青森	ホテルルートイン青森駅前	3,000	3,171	17,150	5.41
秋田	ルートイングランティア秋田SPA RESORT	3,000	3,141	14,150	4.50
盛岡	ホテルルートイン盛岡駅前	3,000	3,153	15,300	4.85
北上	ホテルルートイン北上駅前	3,000	3,154	15,400	4.88
釜石	ホテルルートイン釜石	3,000	3,148	14,800	4.70
鶴岡	ホテルルートイン鶴岡駅前	3,000	3,149	14,900	4.73
山形	ホテルルートイン山形駅前	3,000	3,151	15,150	4.81
米沢	ホテルルートイン米沢駅東	3,000	3,144	14,450	4.60
仙台	ホテルルートイン仙台東	2,000	2,124	12,400	5.84
多賀城	ホテルルートイン多賀城駅東	3,000	3,140	14,000	4.46
石巻	ホテルルートイン石巻河南インター	3,000	3,149	14,950	4.75
気仙沼	ホテルルートイン気仙沼	3,000	3,144	14,400	4.58
会津若松	ホテルルートイン会津若松	3,000	3,150	15,000	4.76
いわき	ホテルルートインいわき泉駅前	3,000	3,150	15,000	4.76
白河	ホテルルートイン新白河駅東	3,000	3,143	14,300	4.55
郡山	ドーミーインEXPRESS郡山	2,000	2,200	20,000	9.09
太田	ホテルルートインGrand太田駅前	2,000	2,092	9,250	4.42
宇都宮	ホテルルートイン宇都宮ゆいの杜	2,000	2,132	13,200	6.19
千葉	ベッセルイン千葉駅前	3,000	3,150	15,000	4.76
土浦	ホテルルートイン土浦	2,000	2,130	13,000	6.10
さいたま	浦和ワシントンホテル	1,000	1,146	14,600	12.74
東京	相鉄フレッサイン 銀座三丁目	2,000	2,073	7,300	3.52
川崎	ダイワロイネットホテル川崎	3,000	3,154	15,400	4.88
横浜	ホテルルートイン横浜馬車道	2,000	2,145	14,500	4.88
甲府	ホテルルートインコート甲府	2,000	2,122	12,200	5.75
長野	ホテルルートイン第2長野	2,000	2,147	14,700	6.85
高山	ホテルウィングインターナショナル飛騨高山	3,000	3,092	9,200	2.98
名古屋	ホテルルートイン名古屋栄	2,000	2,113	11,350	5.37
津	ドーミーイン津	2,000	2,123	12,300	5.79
京都	ホテルウィングインターナショナルプレミアム京都三条	2,000	2,132	13,200	6.19
大阪	大阪東急REIホテル	2,000	2,089	8,910	4.27
神戸	ホテルサンルートソプラ神戸アネッサ	2,000	2,106	10,600	5.03
倉敷	ドーミーイン倉敷	2,000	2,139	13,900	6.50
広島	ザノット広島	5,000	5,223	22,300	4.27
下関	ドーミーインPREMIUM下関	2,000	2,150	15,000	6.98
米子	ホテルハーベストイン米子	1,000	1,099	9,900	9.01
松江	ドーミーイン EXPRESS松江	2,000	2,170	17,000	7.83
福岡	ネストホテル博多駅前	5,000	5,225	22,500	4.31
熊本	ホテルウィングインターナショナルセレクト熊本	3,000	3,145	14,500	4.61
大分	ホテルルートイン大分駅前	2,000	2,112	11,250	5.33
延岡	ホテルルートイン延岡駅前	2,000	2,116	11,600	5.48
鹿児島	かごしまプラザホテル天文館	1,000	1,078	7,800	7.24
那覇	ホテルルートイン那覇旭橋駅東	2,000	2,104	10,400	4.94
石垣	ホテルミヤヒラ	2,000	2,173	17,300	7.96

マイル増量プランのホテル例一覧(シングルルーム)(2021年1月)

ANAマイレージクラブ(ANAトラベラーズホテル)

都市	ホテル名	マイル増量	獲得総マイル数	室料(税込・円)	マイルコスト
札幌	ホテルリリーフ札幌すすきの	2,000	2,100	10,000	4.76
旭川	プレミアホテルーCABINー旭川	1,500	1,587	8,750	5.51
函館	東急ステイ函館朝市　灯の湯(あかりのゆ)	1,500	2,166	16,650	7.69
釧路	ホテルWBF釧路	1,000	1,079	7,900	7.32
帯広	プレミアホテルーCABINー帯広	1,000	1,074	7,450	6.94
仙台	ホテルモンテエルマーナ仙台	2,000	2,121	12,100	5.70
秋田	秋田ビューホテル	2,000	2,100	10,000	4.76
福島	HOTEL SANKYO FUKUSHIMA	1,000	1,113	11,300	10.15
千葉	アパホテル〈千葉駅前〉	1,000	1,091	9,100	8.34
東京	相鉄フレッサイン銀座三丁目	2,000	2,073	7,300	3.52
横浜	横浜伊勢佐木町ワシントンホテル	1,500	1,625	12,550	7.72
新潟	ドーミーイン新潟	1,000	1,079	10,790	10.00
長野	ホテルメトロポリタン長野	1,000	1,131	13,150	11.63
富山	アパヴィラホテル<富山駅前>	1,000	1,081	8,100	7.49
金沢	ホテルウィングインターナショナルプレミアム金沢駅前	1,000	1,160	16,000	13.79
福井	ホテルリバージュアケボノ	1,000	1,095	9,540	8.71
高山	ホテルウィングインターナショナル飛騨高山	3,000	3,092	9,200	2.98
浜松	オークラアクトシティホテル浜松	1,000	1,143	14,300	12.51
名古屋	ホテルリソル名古屋	1,000	1,091	9,120	8.36
京都	ホテルミュッセ京都四条河原町名鉄	1,000	1,084	8,400	7.75
	THE THOUSAND KYOTO	2,000	1,323	32,300	24.41
大阪	天然温泉花風の湯　御宿野乃なんば	2,000	2,190	19,000	8.68
東大阪	リッチモンドホテル東大阪	1,000	1,063	6,300	5.93
白浜	シラハマ　キー　テラス　シーモア　レジデンス	1,000	1,108	10,860	9.80
米子	ホテルハーベストイン米子	1,000	1,091	9,180	8.41
出雲	ドーミーイン出雲	1,000	1,100	10,000	9.09
倉敷	ドーミーイン倉敷	1,000	1,104	10,400	9.42
広島	ドーミーイン広島	1,000	1,105	10,500	9.50
下関	ホテルウィングインターナショナル下関	1,000	1,105	10,500	9.50
高松	アパホテル<高松瓦町>	1,000	1,102	10,200	9.26
松山	ドーミーイン松山	1,000	1,119	11,990	10.71
福岡	ダイワロイネットホテル博多冷泉	2,000	2,107	10,750	5.10
熊本	リバーサイドホテル熊本	1,200	1,285	8,500	6.61
日田	スマイルホテル大分日田	1,000	1,078	7,800	7.24
長崎	ホテルモントレ長崎	1,000	1,094	9,450	8.64
宮崎	ホテルエリアワン宮崎シティ	1,200	1,094	9,400	8.59
延岡	ホテルエリアワン延岡	1,500	1,094	12,300	10.95
鹿児島	かごしまプラザホテル天文館	1,050	1,128	7,800	6.91
那覇	ホテルグレイスリー那覇	1,000	1,130	13,000	11.50

マイルの使い方

●航空機（特典航空券）の利用

マイルの交換価値が一番高いのは特典航空券です。特にＬＣＣも飛んでいない国際線の長距離路線、それもビジネスクラスやファーストクラスなら１マイルが他の特典の十数倍以上の価値があります。なんとしてもこの特典交換の数量までマイルを貯めて有利に使いたいものです。普通のポイントカードが店頭ですぐに支払いに利用できるとは異なり、マイルは航空機に乗る直前にカウンターで航空券と交換するようなシステムではなく、所定の電話窓口か会員ホームページでの事前予約が基本的な利用方法です。

●家族や他の会員とのマイルの合算利用

自分の貯めたマイルだけでは希望の交換特典に届かないなら、家族等の協力を得てマイルを増量できなかいかと思うのは自然です。但しマイレージは基本的に個人単位の口座のプログラムです。ＪＡＬとＡＮＡでは提携クレジットカード会員（ＪＡＬカードやＡＮＡカード）限定で生計を一にする家族（一親等と配偶者）のマイルを合算利用するプログラムがあります。また

●ポイント

①マイルは他のポイントとは違い、事前に会員窓口（ＷＥＢや電話）に事前申し込みで利用する方式。カードを直接空港カウンターに持参し航空券との交換は不可。
②家族のマイルを合算利用できるプログラムも条件によって可能。
③定期的にホームページにアクセスして、少ないマイル数で特典交換できる等の有利な交換条件のキャンペーンを見逃さない。

海外在住者限定の家族会員制度でも合算利用できます。この他海外のマイレージの一部には他の会員から贈与を有料で受けられる制度もあります。

●実質的に家族のマイルを合算利用できるクーポン特典

ＪＭＢやＡＭＣにはクーポンタイプの交換特典（ＪＡＬクーポン、ＡＮＡご利用券）があり、該当利用資格者である家族の分も一緒に使うことができ、実質的には家族のマイルを合算し、旅行関連費用に使うことができます。

●条件が異なるポイント特典

交換特典のひとつにＡＭＣの「提携ポイントへの交換」やＪＭＢの「パートナー特典」には、提携企業ポイントや電子マネーへの交換があります。この特典交換の一部は提携企業との提携カード会員限定のものがあります。さらに一部を除き年度内の交換数が３０、０００マイル以上の場合交換率が半減します。このポイントへの交換は様々な付帯条件に注意しましょう。年間の交換上限の制約がなく、交換後の有効期限も長く、応用範囲の広いＪＭＢの「ＷＡＯＮ特典」「ＡＭＯＺＯＮギフト券特典」などは人気の交換特典です。

◀ＪＡＬクーポン
家族のマイルを実質的に合算できる機能もあります。

●プレゼントに流用もできる交換特典

交換特典ではグッズや食品などを会員指定の場所（送付先の地域制限あり）に送ることが可能です。条件が合えば知人にプレゼントとして贈ることにも流用可能です。ＪＭＢ等では家族など受領者資格に制限があります。

●ホテルやレンタカーならＷＥＢで直接交換利用可能

インターネットを介して交換できる特典が増加して、特に米国系マイレージやＪＭＢとＡＭＣではホームページから直接マイルで世界各地の宿泊施設やレンタカーの利用が可能になっています。この二つと特典航空券を併用すると、旅行費用の過半をマイルでまかなうことが可能な時代になりました。

●マイレージのホームページを随時点検して好条件をチェック

各マイレージでは随時通常より少ないマイル数で特典が交換できるキャンペーンを実施します。好機を見逃さないためには定期的にホームページ関連サイトをチェックする習慣を身につけましょう。

◀**ＪＡＬとっておきの逸品**
会員の２親等以内の家族にプレゼントも可能な交換特典。

PART V

コロナ禍でのマイル旅行実践

新型コロナウイルスの影響で一般人の旅行は著しく制限されています。しかしその中にあっても、マイレージの特典航空券は国内路線ではもちろんですが、海外路線でも利用可能な状態にあります。本パートではコロナ時代にあっても、条件を満たせば利用可能なマイルを使った旅行のあり方について考察していきます。周辺状況を分析、整理して、より安全なマイル旅行の可能性や安全策について提言し、その実践例を掲載しました。

コロナ禍での海外マイル旅行の現状

コロナ禍では海外旅行に行けないのではという疑問が誰にでもあると思います。新型コロナウイルス感染問題で、２０２０年春以降の海外旅行は大幅に制限されています。業務渡航等を除き、日本人の観光目的での海外旅行は色々な制限があり、ほぼ不可能な状態にあります。しかし大幅な減便はされているものの、日本と海外との航空便は、実際には利用可能な状態にあります。一部の国では業務上また移住、留学、母国への帰国等の特段の事情がある方以外にも、厳しい条件付きで入出国が認められています。よって現状では、その条件を勘案して、自己責任での渡航を決断することになります。

しかし残念なことに、海外渡航に関しての制約についてわかりやすく整理されている情報がなく、必要な関連情報を自分で時間をかけて、収集分析しない限り、海外渡航の解決策は見つかりません。さらに英国で感染力の増した新型変異種のコロナウイルスが発見された後、欧州各国は英国との航空機便の発着を禁止し、より強い対抗策を打ち出すなど、入国許可の条件はその時の情勢で大きく変化します。本項ではそうしたコロナ禍での海外渡航の諸問題をマイル旅行の視点から整理してみようと思います。

●ポイント

①コロナ時代でも入国拒否をしていない国との往来は、相手国の入国条件と再入国条件をクリアすれば個人旅行客も渡航可能。

②ＪＡＬやＡＮＡのホームページでは国際線特典航空券はコロナ時代でも予約利用が可能。

③ＪＡＬ国際線利用（特典航空券含む）の全ての乗客対象に渡航時の新型コロナウイルス感染症無料補償・サポートとして「ＪＡＬコロナカバー」を開始。

●新型コロナウイルス禍での国際線運航便利用者について

日本人の入国拒否をしていない国との往来は、相手国の入国条件をクリアすれば個人旅行客も実際渡航可能です。また日本人なら日本への再入国も条件付きですが可能です。つまりマイレージの特典航空券もこうした諸条件を満たせば利用することができます。実際ＪＡＬやＡＮＡのホームページでは特典航空券は予約利用が可能な状態になっています。自己責任で新型コロナウイルスの感染対策を了解している限りでは、海外渡航は条件付きながら可能で、その航空券をマイルと交換するマイレージ特典航空券で利用できるのです。

新型コロナウイルスで日本人が入国拒否されている国へのかなりの路線は減便することはあっても、ＪＡＬ便やＡＮＡ便等国際線の航空機は一部休止路線もありますが、日本と海外各地間に就航しています。こうした便をどういう乗客がどうして利用できるのでしょうか？ 報道情報では、海外からは日本への日本人帰国者の利用、現地駐在員の一時帰国等や航空貨物に、また海外へは在日の相手国国籍者の帰国や留学生など特段の事情がある限られた旅客と航空貨物の為に就航していると説明されてます。

◀成田空港第1ターミナル北ウイング
コロナ禍に加えデルタ航空が羽田に拠点を移したのでさらに閑散としています。（2021年2月）

●訪問国の入国許可条件が第一関門

あなたが日本国籍を持つ日本のパスポート所持者なら、コロナ問題が起きるまでは、海外の訪問国へ入国する際にビザを必要とする国は極めて少なかったはずです。また必要な国であっても、多くは入国時に現地で金銭を払うことで簡単にビザを入手できたはずです。ところが新型コロナウイルス感染症が問題となって以降、多くの国は従来のビザなし入国を変更し、渡航前に入国ビザの取得を義務づける国が続出しています。つまり入国に際し以前よりも大きな制限を課しているのです。また日本と同様に入国後に一定期間隔離要請をする国も増えていて、その費用も旅行者の負担となっています。

外国人（日本人も含め）の新規入国を禁止している国もかなりの数にのぼります。外国との往来は相互互恵の精神で成り立っているので、日本が入国を拒否している相手国も同じように日本からの来訪者を拒絶するのは当然の流れです。それでも海外への渡航を考えるなら、まず最新の渡航条件情報を外務省の『海外安全ホームページ』を参考に、関係官庁や在日海外公館に直接渡航の諸条件を自分で調べ、問題点を解決する必要があります。あくまで自分の責任で対処することが基本です。旅行代理店もこうした事態では旅行者の各種届出に関しては代行不能で、全て旅行者自身が行わなければなりません。

◀外務省海外安全ホームページ
海外渡航するならまずこのWEBを参考にします。

●日本へ再入国の条件が第二関門

　諸条件をクリアして海外に入国して旅行できたとしても、日本へ再入国するのもさらに難関です。現時点では日本人の再入国には、全ての国から日本へ入国する全ての人（日本人を含む全ての国籍）に、次の三つのことが要請されています。①検疫所長が指定する場所（自宅など）で、入国の次の日から起算して14日間待機する滞在場所の確保、②到着する空港等から、その滞在場所まで公共通機関を使用せずに移動する手段の確保、③入国後に待機する滞在場所と、空港等から移動する手段を検疫所に登録する。この14日間待機する自主隔離とは、検査結果は陰性であっても、自主的に対人接触を避けることです。

　また新型コロナウイルスの感染検査が入国時に必要です。空港での判定で時間がかる場合には、判定が出るまでは自由に移動できず空港内の指定施設で待機を要請されます。ここで陽性と判定されたら、その場で諸官庁の手続きに従い入院または隔離となり、その後の行動は完全に関係当局に管理される対象になります。また感染症危険情報レベル２へ格下げになった国は、入国時の新型コロナウイルス感染症の検査が原則不要となっていた時期がありましたが、この制度も２０２１年１月に入り再度中断しています。帰国後もこうした厳しい制約をクリアしなくてはならないという大きなハードルがあります。空港からの公共交通機

【緊急情報】

●２０２１年３月19日以降の日本の入国時の陰性証明書について

　２０２１年３月19日以降日本への帰国・入国に際して、日本国籍者を含むすべての入国者は、出発国の出国前72時間以内に受検した新型コロナウイルス感染症の検査証明書を提出する必要があります。また同日以降は陰性証明書のフォーマットが変更となります。なお、入国時に検査証明書を提出できない場合は、我が国の検疫法に基づき、日本への上陸が認められないほか、出発国において航空機への搭乗を拒否されることとなります。

●２０２１年３月12日国土交通相会見について

　マスコミ報道によると２０２１年３月12日赤羽国土交通相は会見において、検疫の確実な実施のため、当面の間、日本人と再入国者を含めた入国者数を一日平均２，０００人に抑制すると発言。また同省は航空会社に対しても国際線の旅客数を制限するよう要請しており、これに呼応した措置がすでに実施されていることが各種の報道で明らかになっています。つまり２０２１年３月以降は再入国の問題からも、一般日本人の海外渡航が大きく制約されることになっています。

関を使用しない移動にも出費がかかります。特に出入国空港が日本では重要空港のみと大幅に制限されており、地方在住者にはこの移動手段が極めて大きな出費として加わる点が問題です。つまり帰国後14日間は自宅または避難場所から自主隔離をする必要があります。在宅ワークできる場合はよいのですが、そうでないなら長期間仕事を休む必要があります。自宅においても家族への感染防止対策から、隔離期間内の日常行動でも細心の注意が必要です。他者へ迷惑を掛けずにこうした隔離期間を無事に過ごすには以前の海外旅行に比べても過大な金銭的出費や時間を費やすことになります。

●海外の訪問先での行動の制限

訪問国に入国できても、訪問先では各国が定めた現地ルールに従わなくてはなりません。世界的な観光都市も、滞在中に突然「ロックダウン」という日本では経験のない強制的な都市封鎖になる危険をはらんでいます。また今でも部分的なロックダウンがあり、夜間外出禁止令、集会の規制等各地で様々な制約があり、ホテル、飲食店等の営業が制限されている国や地区も多くあります。その国における法令や行動規範等に疎い旅行者が、知らずに自由に動き回ると罰金などの処罰となることもあり、それに対応するために、情報を随時確認できる言語力と現

◀シカゴオヘア空港到着口にて
コロナ前での最後の米国入国はシカゴ・オヘア空港でした。（２０２０年１月）

地の知人の助けが必要です。ハワイやドバイ等一部のエリアではＰＣＲ検査の陰性証明書は必要ですが入国後の隔離期間が免除されるなど海外からの旅行者の受け入れをしやすくする施策を打ち出している国もありますが、これも期間や情勢によって条件が都度変更になっているので注意が必要です。前述のように日本への帰国時における制約条件には厳しいことは変わりありません。こうした目下の情勢では、今しばらくはとても海外へ観光旅行どころではないと思うのですが、最終判断は聡明な読者の皆様に委ねたいと思います。

●海外訪問地の新型コロナウイルスに感染してしまう事態への対処

海外の訪問先でコロナに感染したらどうなるでしょう？　これはコロナ禍の海外旅行の最大のリスクと不安です。首尾よく日本を出国し、希望する国に入国でき、自分の望む活動（仕事、通学、観光等）ができたとします。しかしその国で新型コロナウイルスに感染する危険があります。日本国内で日本人が新型コロナウイルスに感染した際は、すべて公的保険治療が受けられ、また収入減に対しての休業補償も受けられます。しかし海外で罹患した場合は大変です。日本人旅行者は海外の公的保険に加入していないので、渡航先では自費または個人保険で治療費やその滞在費など関連経費を支払う必要があります。こうしたリスクを負っ

◀ニューヨークＪＦＫ空港搭乗口
コロナ禍以前はソーシャルディスタンスも意識していません。（２０２０年１月）

て、不要不急ではない個人観光旅行は現状ではかなり無謀ともいえる情勢です。

この問題に対してＪＡＬはＪＡＬ国際線利用のすべての乗客対象に渡航時の新型コロナウイルス感染症無料補償・サポートとして「ＪＡＬコロナカバー」を開始したのは朗報です。この様な保険はまだ全ての航空会社が、利用客に提供している訳ではありません。海外にどうしても渡航する必要のある方には、こうした保険を自分で別途契約する必要がないのはとても便利で安心できるサービスだと思います。今後のコロナ禍の海外旅行において航空会社を選ぶ際の重要項目のひとつとなるはずです。

●ＪＡＬコロナカバーの概要

⑴留意点

補償を受けるには事前連絡が必要。新型コロナウイルスの感染が疑われる場合は必ずＪＡＬコロナカバーサポートに相談する。

⑵対象者

ＪＡＬ国際線（ＪＡＬ便名かつＪＡＬ運航便）利用の乗客。小児・幼児、旅行会社発券の航空券やパッケージツアー、特典航空券も対象。但し他社運航のコードシェア便は対象外。本サービスへの事前申込み不要。

◀ＪＡＬコロナカバーＷＥＢ画面
ＪＡＬコロナカバーは特典航空券利用者も対象です。

(3)期間

２０２０年12月23日〜２０２１年6月30日出発分

(4)保証内容（新型コロナウイルス感染症と診断された場合）

①医療搬送アシスタンス：治療療上必要があれば、居住国（母国の自宅や病院）への帰国の手配。（上限は乗客一人あたり1、５００ユーロ）。

②海外での医療アシスタンス：新型コロナウイルス感染症の治療に関連した費用の支払い。（乗客一人あたり１５０、０００ユーロを上限）

③新型コロナウイルス感染症による隔離：乗客が認可された施設において隔離を要請された場合、乗客の宿泊費および同行者1名の費用支払い。（1日１００ユーロを上限として、一人につき最大14日間）

④新型コロナウイルス感染症によって死亡時：遺体の本国への移送の手配と、費用の支払い。（上限額は1、５００ユーロ）

その他：対象地域や保証期間、適用条件などの細目がホームページに定められています。

◀ＪＡＬ国内線ＰＣＲ検査サービスＷＥＢ画面

ＪＡＬ国内線でもＰＣＲ検査が簡単に受けられます。

コロナ禍での国内マイル旅行の現状

２０２０年の年末が近づくにつれ、新型コロナウイルスのいわゆる第3波の襲来で、感染者が全国各地で急増し、同時期に「ＧＯ ＴＯトラベル」は中断されました。本書執筆時には「ＧＯ ＴＯトラベル」は、時期は未定ですが再開の予定で、この好条件のキャンペーンは予算を消化するまで開始後数ケ月は続くと目されます。人的な接触の機会が多くなる旅行は危険を伴うため、十分な感染防止対策が必要です。そこでコロナ時代のより安全な国内旅行とマイレージ利用法を考えると同時に、「ＧＯ ＴＯトラベル」の問題点とマイル利用でのその対策を整理してみます。

●緊急事態宣言で国内路線でも減便や運休が増加

本書執筆中の２０２１年1月に2度目の緊急事態宣言がなされ、２０２１年2月と3月にさらに延長が決まりました。やっと需要が戻りつつあった国内航空路線も、一転して減衰し、再度航空各社とも減便や運休が増加してきています。こうした情勢では特典航空券が利用できる便数や路線も少なくなっています。ＡＭＣの「今週のトクたびマイル」は一度中断し、3月中旬に東京線を除

●ポイント

①国内線特典航空券はＪＡＬなら３３０日先、ＡＮＡでも約9ヶ月先まで予約可能でコロナ時代でも予約状況は堅調。
②国内旅行に航空機とレンタカーの併用は、コロナ感染対策面で有力な移動手段。
③ダイナミックパッケージは「ＧＯ ＴＯトラベル」の対象。

き再開されました。緊急事態宣言が解消するまでマイル旅行はこうした諸条件からも望ましい環境とは言えません。

●国内線での特典航空券の予約事情は堅調

国内線の特典航空券はＪＡＬなら予約が３３０日前から、ＡＮＡでも夏ダイヤは１月下旬から約９ヶ月先まで予約可能であり、ゴールデンウィークや夏休み等はすでに満席便が多数あります。海外路線での特典航空券でのマイル利用がしばらく実用的でなくなっていることもあり、国内線での特典航空券の利用状況は堅調であると推測できます。

●国内移動の手段では最も安全な航空機移動

新型コロナウイルス感染対策で有効な手段のひとつに空気清浄がありまず。航空機内は３分間で全部新しい空気に入れ替わる清浄機能が具備されており、また日本国内線においてはすべての航空会社で乗客にはマスク使用がほぼ義務付けられていて、公共交通機関の中では最も安全な環境にあります。さらにすべて搭乗便で座席ごとの乗客名が記録されており、万が一感染問題が起きた場合にもその後対処しやすい条件が整っています。

◀羽田空港第２ターミナル出発フロアー
欠航や減便で搭乗口の半分は閉鎖中。

●レンタカー併用の国内旅行はコロナ感染対策に有効

新型コロナウイルス感染対策で公共交通利用問題が、特に海外からの帰国者の移動で話題となっていますが、その際有効な手段としては自家用車とレンタカーの利用です。国内旅行でも国内空港にはほぼすべてにレンタカーの営業所が完備しており、ワンウエイ（乗り捨て）利用もできることから、国内旅行に航空機とレンタカーを併用することは、コロナ感染対策面で有効でかつ合理的な方法と注目されます。

●GO TOトラベルの問題点とその対策

「GO TOトラベル」は急ごしらえの企画案で様々な問題が発生しました。特に利用条件が複雑で、仕組みを申し込み前にしっかり理解しないとそのメリットを十分に活かせません。その代表的な問題点とその対策を、筆者自身の体験を踏まえ整理します。

①割引対象の旅行の対象が限定される

旅行代理店での店頭予約より、ネットでの予約が時間的な制約もなく、対象プランの検索が明確です。特に「GO TOトラベル」専用ボタンから申し込む

◀トヨタレンタカー高知空港営業所
レンタカーなら見知らぬ人との同乗はありません。

と確実に対象プランが予約できます。

②交通費だけの旅行代金は対象外

航空便と宿泊が自由に組み合わせられるダイナミックパッケージは「GO TOトラベル」の対象です。一時期予約が中止となりましたが、再開後に利用したい魅力的な方法です。JALには片道タイプもあります。

③割引対象額には上限がある

前回は高額な高級宿泊施設に人気が集中し、却って共有空間が「密」になった前例もあり、欲張らず中堅施設の利用が賢い利用法だと判断します。

④実施対象地域や期間の変更でキャンセルするには一部不利益が生じる

宿泊と航空券や鉄道切符を別々に予約すると、「GO TOトラベル」の対象外の旅費分のキャンセルが補填されません。前述の「GO TOトラベル」の対象のダイナミックパッケージならこのようなことにはなりません。

⑤地域共通クーポンの有効期限が短い点に注意

投宿時にもらえる「地域クーポン」は、紙製クーポンと電子クーポンの2種のクーポンがあり、紙製クーポンは一緒に旅行した人と小分けして使えて利用接点も多く便利です。有効期限が2日間で利用地域が旅行先と隣接県なのが注意点です。特に電子クーポンしか利用できないツアーは要注意です。

◀高知龍馬空港ターミナルビル空港の売店でも地域共通クーポンが使えました。（2020年12月）

コロナ対策万全の国内マイル旅行

●「GO TO トラベル」の利用

２０２１年年初には緊急事態宣言が11都府県に発出され、「GO TOトラベル」は途中で中断されています。国会で予算案も通過し、本書執筆時では時期は未定ですが、２０２１年も再開予定です。問題なのは「GO TOトラベル」が、感染拡大の原因として大きな疑義があることです。旅行愛好家にはありがたい制度ですが、諸外国に見られない稀有な観光産業復興策に対してはコロナの感染拡大を招くとして批判も多く、利用には慎重になってしまいます。私個人としては十分な感染対策をとった上で訪問地域を厳選して利用したいと思います。

●私の考える国内旅行での新型コロナウイルス感染対策

ＪＭＢとＡＭＣでは交換特典の利用者は家族限定です。海外の航空会社のマイレージでは会員が認めた方なら誰でも利用できるものがあり、利用者の制限ではありません。ソラシドエア、スターフライヤー、エアドゥも同じです。家族以外の恋人や友人に使わせたい方は、この点に留意すべきです。

◀エアドゥ　羽田空港カウンター
ＡＩＲ　ＤＯポイントなら家族以外の方も会員が認めると特典航空券が利用可能です。

①極力公共交通機関を使わない

飛沫感染や「密」を避けるために、極力公共交通を使わずに旅行することを考えました。自家用車で行ける近隣の日頃人気がない隠れた観光地をマイクロツーリズムとして利用します。また遠距離旅行なら、換気対策で安全とされる航空機を利用し、地上移動は自家用車やレンタカーで移動し、公共交通機関はできるだけ使わないようにします。

②食事の場所に注意する

旅先での食事などは人気店を避け、宿泊先の部屋や個室で旅行者のみの小グループ（3人以下）でする。移動中も弁当などを買って、車内で食べることも対策になります。部屋食のある温泉宿やルームサービスがあるホテルも有用ですが、その分高くなるのは致し方ありません。

③人出の多い人気観光地を避ける

密になりがちな人気観光地を避け、普段行かないような鄙（ひな）びた穴場的な場所に絞る。クルマあれば公共交通ではアクセスしづらい観光地は、人出が少なく安心です。

④人気の温泉宿やホテルには泊まらない

今回の「GO TOトラベル」では、割引額で有利な高級温泉旅館やリゾー

◀**高知県梼原（ゆすはら）町**
鄙びた高知県山間部ですが、見どころが多い観光地でした。（2020年12月）

トホテル、高級シティーホテルに予約が殺到したため、フロントやレストランが混みあうという皮肉な現象を経験しました。コロナ対策では、人気の宿泊施設を避け、中堅のビジネスホテルや旅館を使う方が却って安全です。鄙びた温泉旅館の浴場なら時間帯を選べば貸切状態で、専用露天風呂付きの高級温泉旅館も顔負けです。

●JAL国内線PCR検査サービス

２０２１年3月15日～6月30日にＪＡＬ国内線各線に対象運賃（包括旅行割引運賃、団体割引運賃、学校研修割引運賃を除く）や特典航空券で搭乗するＪＭＢ会員（日本地区）の方は、ＪＡＬ国内線ＰＣＲ検査サービス（2、０００円または2、５００マイル）を利用できます。搭乗の7日前までにＪＡＬのホームページからの申し込みとなります。

●ANAライフステップサービス　PCR検査

ＡＮＡのホームページから申し込めるＰＣＲ検査。自宅で唾液を採取して検査所へ郵送すると、早ければ検体到着後、最短3時間で結果を受け取ることが可能。料金は9、９００円（税込）（送料・返送料含む）。なお対象地域は日本全国。

◀**西鉄イン高知はりまや橋**
高知観光リカバリーキャンペーンの申請書を受付けてもらえました。（２０２０年12月）

PART V 特別コラム
コロナ禍の欧州個人旅行

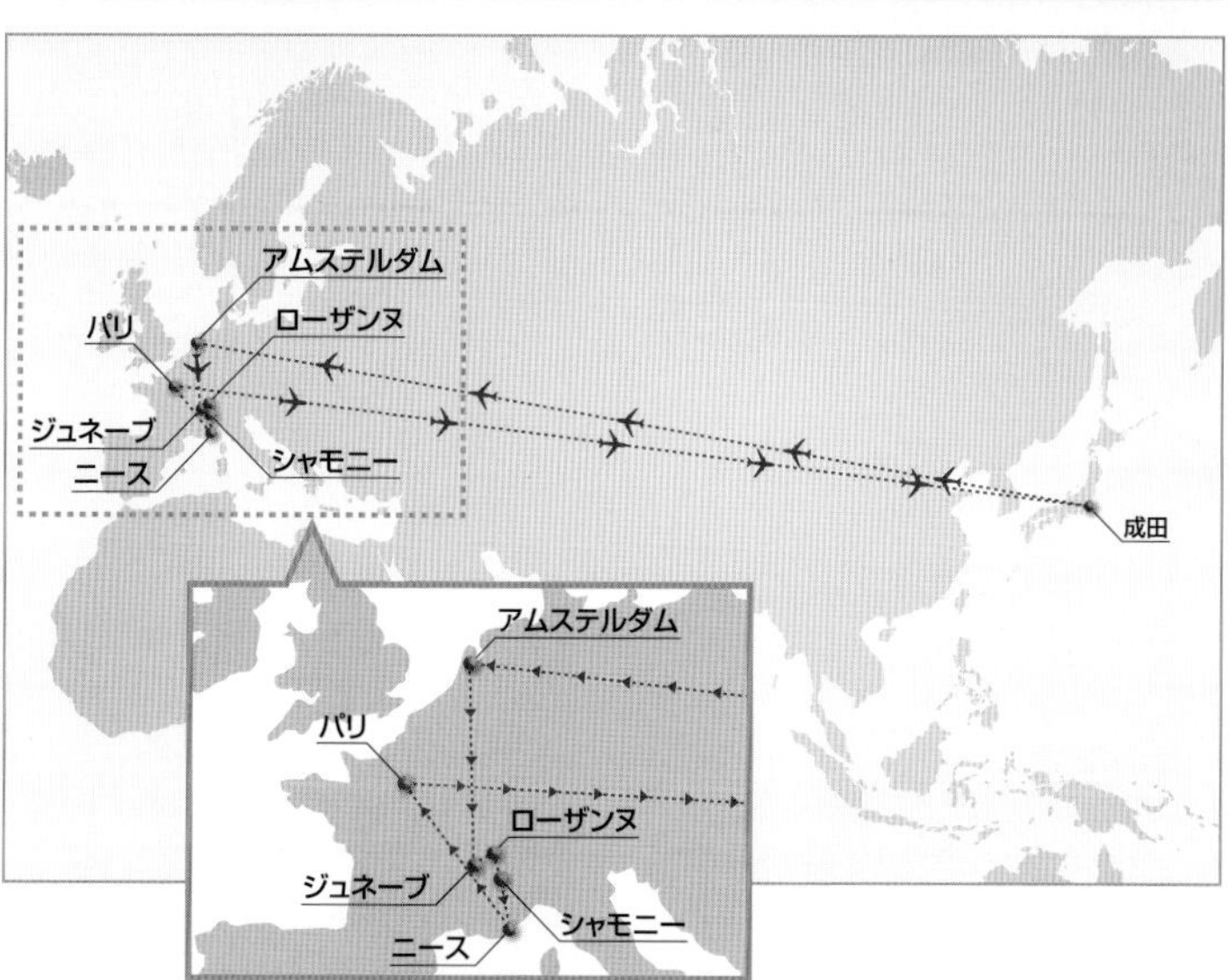

スイス&フランス ヴィーガン視察旅行（2020年 秋）

月日	曜日	出発地	交通手段	到着地	主な訪問先等
9月28日	月	自宅	自家用車	成田空港	
		成田空港	KLM機	アムステルダム	空港内で友人と食事
		アムステルダム	KLM機	ジュネーブ	レマン湖、旧市街、ヴィーガンカフェ
9月29日	火	ジュネーブ	スイス鉄道	ローザンヌ	レマン湖、オリンピックミュージアム
9月30日	水	ローザンヌ	スイス鉄道・モンブランエクスプレス	シャモニー	エギーユ・デュ・ミディ展望台、ハイキング
10月4日	日	シャモニー	バス	ジュネーブ	乗換え
		ジュネーブ	Easy Jet機	ニース	野菜マルシェ、アンティーブ、モナコ
10月6日	火	ニース	Easy Jet機	パリ	モンマントル、ローランギャロス（全仏テニス）、ヴィーガン専門店
10月10日	土	パリ	エールフランス機	成田空港	直行便
10月11日	日	成田空港	自家用車	自宅	自宅隔離開始

コロナ禍の欧州個人旅行

①2020年9月28日 月曜日
成田空港
私が搭乗するKLM機以外のフライトほぼ欠航で、この案内板を見て急に怖くなりました。

②2020年9月28日 月曜日
成田空港
成田空港はゴーストタウン化して人影がありません。お店が全部閉まっていて飲食や買い物ができませんでした。

③2020年9月28日 月曜日
KLM機内
KLMの機内は横になって寝れる程、乗客はとても少なく、機内食も簡素でした。途中おやつが出て助かりました。

④2020年9月29日 火曜日
ジュネーブ
前年乗換えで一瞬立ち寄ったルマン湖に魅了されて再訪しました。大きな噴水がシンボルです。

⑤2020年9月29日 火曜日
ジュネーブ
ヴィーガンカフェ「Alive 」。HappyCowのアプリの評価もかなりいい。評判通り人気のお店でした。

⑥2020年9月30日 水曜日
シャモニー
ゴンドラで一気にエギーユ・デュ・ミディ展望台へ。途中駅で降り山小屋でビールを飲んでから絶景ハイクを楽しみました。

コロナ禍の欧州個人旅行

⑩2020年10月6日 火曜日
コートダジュール空港

LCCのEasyJet航空でパリへ。感染防止対策の注意事項がメールで送られてきます。サージカルマスクが必要です。

⑪2020年10月8日 木曜日
パリ

普段は旅行客や地元の人・芸術家で活気のあるモンマルトルの丘もお店もほとんど閉まっていて人寂しく残念。

⑫2020年10月9日 金曜日
パリ

時期外れの10月開催のテニス全仏オープン。コロナ感染拡大で、観客の入場規制は厳戒態勢。雰囲気を少し味わえ良かった。

⑦2020年10月3日 土曜日
シャモニー

キッチン付きのホテルに滞在し、現地の食材を使って料理を楽しみました。最終日現地の知人をヴィーガンパーティにご招待。

⑧2020年10月5日 月曜日
ニース

海岸沿いのホテルに滞在。朝はランニングでリフレッシュ。日中は海沿いのサイクリングを楽しみました

⑨2020年10月6日 火曜日
ニース

フランスのマルシェは果物、野菜、パティスリーなどいろいろな地元食材が売られいつ行ってもウキウキします。

コロナ禍の欧州個人旅行

⑮2020年10月11日 日曜日
成田空港
帰国時の抗体検査の結果を聞く前の写真です。陽性だったらどうしようかとかなり緊張している瞬間です

⑬2020年10月10日 土曜日
エールフランス機内
復路はパリ・成田のエールフランスの直行便。簡素な食事が2回のみでお腹が減りました。欠航しなかったことには感謝。

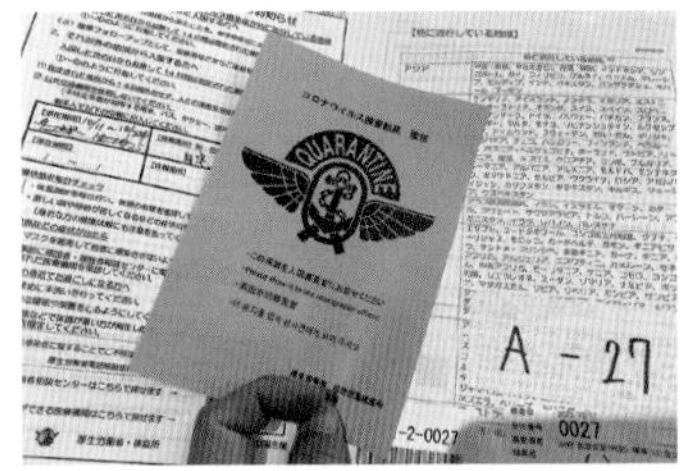

⑯2020年10月11日 日曜日
成田空港
抗体検査結果が陰性と伝えられてホッと一安心。無事自主隔離に自車で帰宅できました。

⑭2020年10月11日 日曜日
成田空港
がらんとした成田空港のゲート内で指定された番号の席で抗体検査の結果を待ちます。

PART V 特別コラム
コロナ対策万全での四国半周の旅

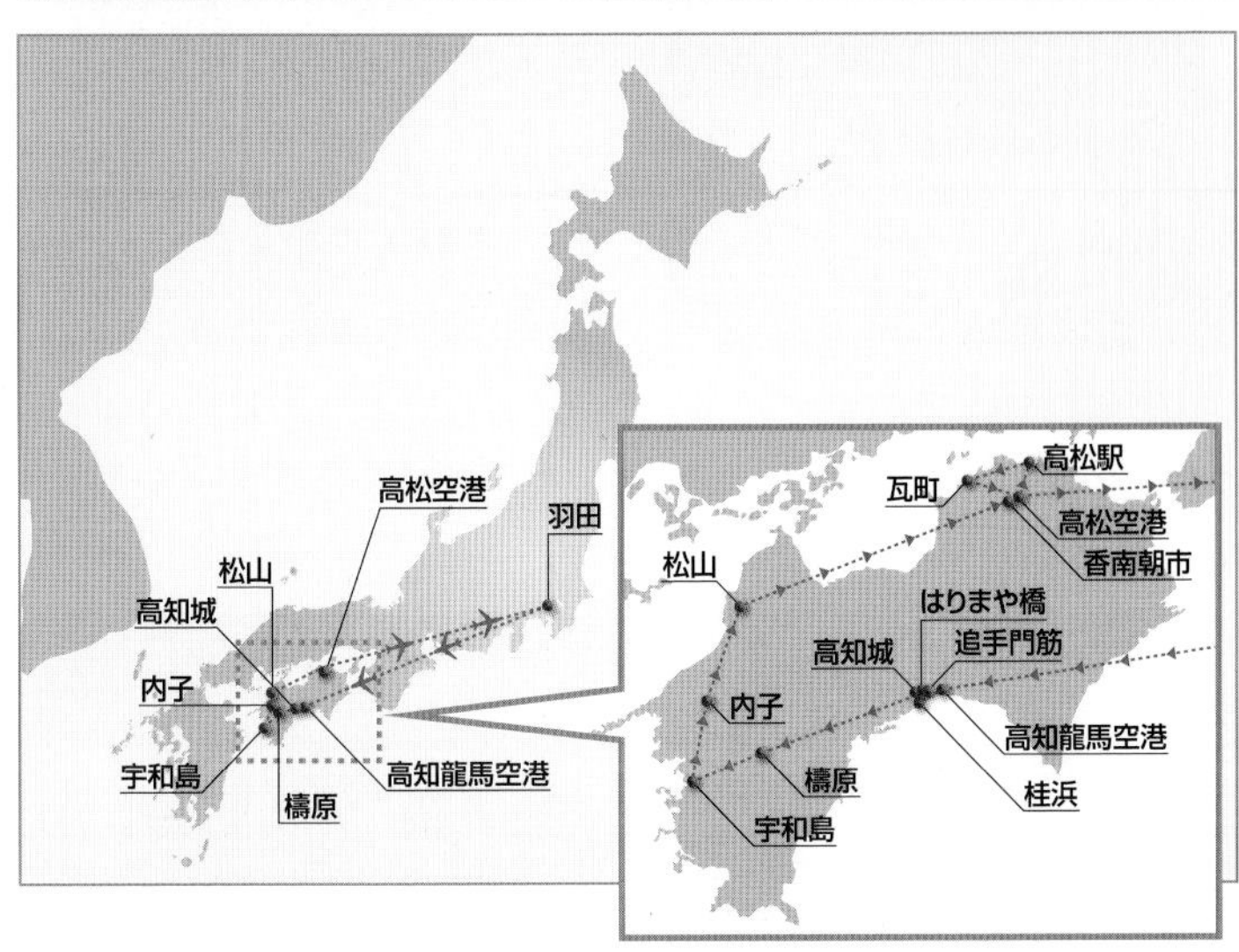

コロナ対策万全での四国半周の旅　旅程表（2020年 初冬）

月日	曜日	出発地	交通手段	到着地	主な訪問先等
12月12日	土	自宅	自家用車	羽田空港	P3駐車場
		羽田空港	ANA	高知龍馬空港	
		高知龍馬空港	レンタカー	桂浜	坂本龍馬記念館
		桂浜	レンタカー	高知城	高知城天守閣
		高知城	レンタカー	はりまや橋	西鉄イン泊
12月13日	日	はりまや橋	レンタカー	追手門筋	日曜朝市
		追手門筋	レンタカー	檮原	隈研吾設計図書館見学
		檮原	レンタカー	宇和島	鯛めし、宇和島城
		宇和島	レンタカー	内子	内子座、内子中心部
		内子	レンタカー	松山	ANAクラウンプラザホテル泊
12月14日	月	松山	レンタカー	香南朝市	最後の地物を購入
		香南朝市	レンタカー	高松空港	大量の携行品を一足先に預入
		高松空港	レンタカー	高松駅	レンタカー返却
		高松駅	レンタカー	ときわ新町	しるの店おふくろ
		瓦町	空港連絡バス	高松空港	空港連絡バスで地域クーポン使用
		高松空港	ANA	羽田空港	最終便
		羽田空港	自家用車	自宅	沢山の土産を携え帰宅

コロナ対策万全での四国半周の旅

①2020年12月12日 土曜日
羽田空港P3駐車場
週末の空港駐車場は大混雑。午前6時台で満車間際でした。

②2020年12月12日 土曜日
羽田空港ANAラウンジ
今日はレンタカー運転で大好きな生ビールはいただけません。

③2020年12月12日 土曜日
高知龍馬空港
高知では坂本龍馬様は神様の次に偉い方です。

④2020年12月12日 土曜日
トヨタレンタカー高知空港営業所
四国4県の乗り捨て料金が格安です。

⑤2020年12月12日 土曜日
桂浜
週末なのに観光客はほとんどいません。

⑥2020年12月12日 土曜日
高知城追手門
高知城に登るには健脚が必要です。

コロナ対策万全での四国半周の旅

⑦2020年12月13日 日曜日
高知日曜朝市
家内の大好きな地方朝市で出発が大幅に遅れました。

⑧2020年12月13日 日曜日
檮原町立図書館
檮原（ゆすはら）町は著名な建築家隈研吾氏の建築物で町おこし。

⑨2020年12月13日 日曜日
かどや駅前本店
宇和島の鯛めしは刺身に汁をかける独特な食べ方です。

⑩2020年12月13日 日曜日
宇和島城
小さなお城ですが日本にはめずらしい海城です。

⑪2020年12月13日 日曜日
内子座
山間の町でも伝統芸能が盛んなのです。

⑫2020年12月13日 日曜日
松山三越
マスク姿の三越のライオンがサンタの恰好をしていました。

コロナ対策万全での四国半周の旅

⑯2020年12月14日 月曜日
高松空港ANAフェスタ
高松空港の売店も半分は閉鎖中でした。

⑰2020年12月14日 月曜日
羽田空港ANA連絡バス
今回唯一「密」を感じた空間でした。

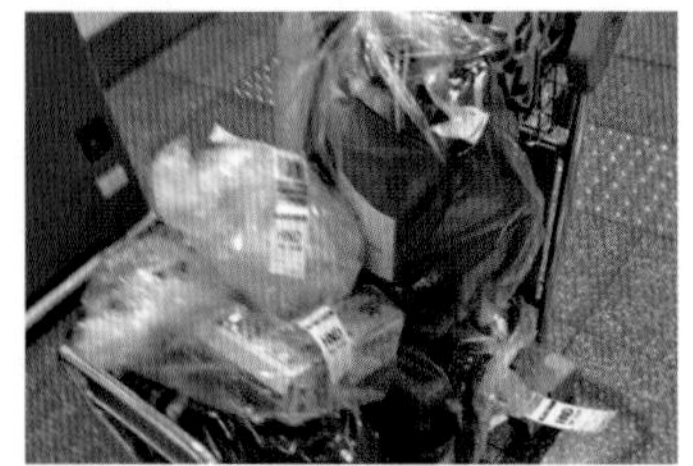

⑱2020年12月14日 月曜日
羽田空港第二ターミナル
カートに満載の土産を買えるのもクルマ移動のお蔭です。

⑬2020年12月14日 月曜日
香南朝市
クルマ移動なので家内はどんどん買い込みます。

⑭2020年12月14日 月曜日
高松空港ターミナル
携行品が多いので一足先に空港でチェックインしました。

⑮2020年12月14日 月曜日
しるの店おふくろ
人気のおばんざい店は開店10分で満席になりました。

特別コラム

実録　コロナ禍の欧州個人旅行

2020年秋　一般人でも海外渡航は可能であった

2020年、新型コロナウイルスの感染拡大に伴い、私自身はマスコミ報道等を通し、諸外国の様々な行動制限や入管管理上の対策が施行されているのを知り、通常の海外旅行はできないものと思い込んでいました。

ところが秋になって、私は今まで思い違いをしていたことに気が付きました。国内旅行では「GO TOトラベルキャンペーン」が実施される頃になり、その利用について、知人でローカルツーリズムに詳しく、外国人向けのイベントやツアー企画の会社（FEEL CUTURE JAPAN株式会社、千葉県柏市）を経営されている菊地裕美さんに連絡をしてみました。その時、何と彼女はコロナ感染が拡散している状況にもかかわらず、個人の立場で、今まで通りこの秋にスイスとフランスに、取材旅行を敢行して無事帰国していたことを聞きました。正直驚くと同時に、このことからコロナ禍では海外旅行は不可能だと決め込んでいた私の認識が間違いだったことを思い知りました。2021年に入り新型コロナウイルスの変異問題からさらに情勢は厳しくなり、日本人には海外渡航は制限されていますが、厳密には渡航禁止はされてはいないのです。

海外旅行再開時の予備知識としての体験インタビュー

そこで本書の企画に際し、菊地さんの体験をインタビュー形式で、多くのマイレージとそれを使った海外旅行愛好家の読者の皆様の参考として、コロナ禍での個人旅行の実際例を掲載することにしました。菊地さんの体験は自身の語学力や自己完結型の生活スタイルなど、様々な面で幸運な環境だったから実現できたもので、ご自身も今なら他の方には推奨できる旅行ではないと言及されています。本インタビューはあくまで、新型コロナウイルス拡散拡大期での個人海外旅行の実証的なレポートです。今後コロナ禍が終息に向かう過程で、状況が好転してきた際の海外旅行再開に備えて、その予備知識としての参考として掲載しました。感染拡大が進行している現在では、この実行例を元に計画することを推奨するものではない点を強調しておきます。

菊地さんは自身の語学力と海外体験を生かし、千葉県での地域観光に対応した、外国人向けのイベントや店舗向けのインバウンドコンサルティングを行う会社を経営・運営されています。このコロナ禍で事業がほぼ開店休業状態になったのを機に、近年欧米で盛んになってきている肉・魚・卵・乳製品などの動物性食品を食べない「ヴィーガン（vegan）完全菜食主義」をサポートするヘルスコーチ事業を、会社の新規事業として加えるべく、2020年より活動されています。その過程で、「ヴィーガン」の先進国である欧州の実態を調査するにことになり、危険は覚悟の上で単身フランスとスイスの諸都市に2020年秋に取材旅行をされました。

多くの海外旅行愛好家にとって、菊地さんの今回の取材旅行は、実体験の生きた情報としてとても貴重なものです。その後リモートで菊地さんにインタビューをして、本書に掲載しました。以下はその内容です。なおこの旅行の詳細は菊地さんの会社（FEEL CUTURE JAPAN株式会社）のホームページ(https://feelculture.co.jp/)に掲載されています。

インタビュー対談：コロナ禍での海外渡航の実状

コロナ禍での海外旅行の決断の理由

櫻井：もともと菊地さんは行動力があるとは思っていましたが、どうしてコロナで大変なこの時期にヨーロッパに行くことになったのですか?

菊地：今までやってきたイベントとマイクロツーリズムの事業がコロナで開店休業状態となってしまいました。スタート間もない零細企業では、この状況では当面収益も見込めないので、以前から関心があり自分も実践しているヴィーガンを本格的に修行し、事業シフトを行おうと思いました。米国の総合栄養学校のヘルスコーチのコースをオンラインで受講し、資格を得たのです。でも実際にそれをビジネス化するのに必要な環境や情報、素材を国内では入手することは容易ではありません。そこで仕事で知り合ったフランスの知人に相談したところ、現地での支援を得られる目安がたったので、9月末から2週間ほど、思い切ってヴィーガンの先進地に視察に行くことにしたのです。

櫻井：なるほど。現地に頼る方がいたのは心強いですね。でも行くまでの準備は大変だったのではないですか？　もし自分が現地で感染した場合の危険もあることを考えたりすると、かなりの冒険とも言えますが。私は先方から業務招聘の証明書などがないと、渡航できないものと思い込んでいたのですが、その辺の判断はどのようにされたのですか？

渡航準備：成田空港で初めて知った問題の深刻度

菊地：実態を正確に知るために、まず外務省の海外安全ホームページで現地の出入国管理関連の諸問題をチェックしました。それを読んだ限りでは、海外渡航に関して制限はあるが、禁止との表示は出ていませんでした。さらに、欧州各国が出している入国制限リストを英語表記で確認しました。日本からの入国規制を確認し、その時点で、スイスとフランスに訪問できると判断しました。それから、実際のフライトなどの交通手段や宿泊予約、現地の行動制限の状況などを調べました。特にフランスの現地在住の友人や知人からの生の情報が役に立ちました。コロナ禍の訪問にもかかわらず、現地の知人は寛容でありがたい限りでした。出発までは、週単位で更新される各国の入国制限を確認しながら、例年にない様々な心配事を解決しながら準備をしていきました。そして、いよいよ出発当日になり、成田空港に到着しました。そこは今まで見たことがないゴーストタウンのような閑散とした空港ターミナルで、びっくりしました。それまではコロナで海外旅行がここまで壊滅状態だとは思っていなかったというのが本当のところです。実際、航空券も予約がスムーズに取れて欠航にならなかったのと、現地での宿泊先予約も同様です。

櫻井：私も菊地さんの件を知るまで、自分で外務省のホームページをしっかり確認をしませんでした。確かに渡航制限については記載がありますが、厳格に渡航禁止と明確に表示されてはいませんね。それよりも丹念に読み取らないと、条件をなかなか理解できませんね。さすが見方が違うのですね。次に出国前に注意していた点を教えてください。

出国前の注意：航空券予約や訪問国の入国制限情報

菊地：航空券に関しては、多くの航空会社が減便していた中、スケジュールと運賃との兼ね合いと、マイレージももちろん吟味して、正規の航空会社発行のものを各社で比較し探しました。Ｅｘｐｅｄｉａなどの航空券検索予約サイトから購入した航空券は、予約の変更などで融通が利かないことが多いので、自社発券の航空券が良いと思いました。こうした不安定な状況では、航空会社に直接交渉できる方が得策です。結局デルタ航空のスカイマイルと同じアライアンスであるスカイチーム加盟のＫＬＭオランダ航空が週3便安定就航しているのがわかり、これを利用しました。ＫＬＭはエアフランスと共同運航している点もフランスに行く場合には安心だったからです。しっかりマイルも確保しました。

私の往路は、オランダのアムステルダム乗継で、スイスのジュネーブに到着の便でした。ただちょっと問題になったのは、オランダ乗継でのスイスへの入国制限でした。渡航直前にスイスがオランダからの入国を制限したとの情報があり、ちょっと緊張しましたが、24時間以内の乗継は問題ないとわかり安心して出国し、結果的に問題なくスイスへ入国できました。が、残念だったのは前回できたアムステルダムでの乗り換え時間を利用しての市内観光が今回はできなかったことです。コロナの影響により、乗継時での空港ターミナルからの外出は禁止されていました。また幸いなことに、当時はフランスでは入国時に一時的な隔離期間を置く措置がなかったことです。今（2021年1月）では、多くの国で出発前のＰＣＲ検査証明書が必要なことなど、より高いハードルが出てきていますので、その点ではまだ規制が緩かったと思います。

櫻井：さすが旅慣れた方の対応ですね。搭乗便の変更などがあると、旅行代理店発行の航空券は予約クラスなどの問題に絡んで動きがとれないことが多いですからね。あと気を付けないといけないことは、コロナ問題が起きて以来、トランジット（乗継）でも入出国の管理条件が厳しくなっていることですね。渡航情報でもこの点にも気を付けていないと、経由便だと入国可能な国でも途中乗継地点が問題で入国できなくなることもあるようですしね。ホテルに泊った場合のホテル予約や食事はどうされたのですか？

ホテル予約と食事

菊地：今回はコロナ禍ということもあり、感染防止対策がしっかりしていそうな4つ星以上のホテルを選びました。例年はＡｉｒｂｎｂなどでリーズナブルな部屋の予約をすることもあるのですが。スイス・ジュネーブは物価が高く、東京並みの値段ですが、フランスではパリ以外は4つ星といっても1万円そこそこで泊まれます。コロナ禍でもホテル代は昨年と同じ印象でした。Ｂｏｏｋｉｎｇ．ｃｏｍなどのホテル予約検索サイトを使い、目星をつけたホテルの中から、英語やフランス語のサイトになりますが、気に入ったホテルのサイトで直接予約する方法を実践しています。以前、ホテル検索サイトから予約して、二重に課金されたり、契約外のキャンセル料を課金された経験から、ホテルに直接予約をするようにしています。料金が安く、キャンセル無料期間が長いなどの利点があることが多いです。民宿タイプならＡｉｒｂｎｂでかなりお得な良い部屋が見つかると思います。

食事ですが、街中のホテルに滞在中は、朝はホテルの朝食を食べ、ランチと夕食はヴィーガンカフェやレストランを取材しながら、現地のヴィーガンの食事を楽しみました。山岳地でのキッチン付きのホテルに滞在中は、現地の食材でヴィーガンクッキングを楽しみました。キッチン付きの部屋は、現地で暮らす気分が楽しめ、食費も抑えることができてお勧めです。動物性のものを一切食べないヴィーガンに徹して旅することは大変ですが、たまにフレキシブル（柔軟な）ヴィーガンになり、地元の産物を楽しみながら「ヴィーガンで旅する」ことは、この取材旅行の主なテーマでもあります。

櫻井：ヴィーガンで旅するのも楽しみの一つなんですね。現地での取材に関しては、移動などの問題はどうでしたか？　タクシーなど東洋人だと乗車拒否されることはなかったのですか？

現地の移動手段としてＵｂｅｒの利用

菊地：その点今回は行った先でＵｂｅｒ（ウーバー）が使えて大変助かりました。予約を入れた時点ですでに目的地の登録ができていて、登録済みのクレジットカードからの自動決済なので、料金や言葉のトラブルの心配がありません。大体の所要時間もわかります。はじめは現地でのレンタカー利用も考えたのですが、Ｕｂｅｒの方が合理的なのでやめました。予約したらすぐにＵｂｅｒの車が到着し、待ち時間もなく、バスや地下鉄よりストレートに目的地に直行できる点でうってつけの移動手段でした。

櫻井：ヨーロッパでもスマホでＵｂｅｒですか？　なるほどさすが。日本ではＵｂｅｒは規制されて利用できませんが、海外では旅行者にはタクシーよりも、慣れればＵｂｅｒの方が使いやすいのかもしれませんね。今回の取材で現地での情報収集ではどんな成果がありましたか？

現地取材の成果

菊地：各訪問地で観光案内所に聞いたり、ヴィーガン向けのアプリＨａｐｐｙＣｏｗを使い、沢山のヴィーガン関連のお店を、現地で訪問したりチェックできたことが一番の収穫ですね。ＨａｐｐｙＣｏｗは近くのヴィーガンレストランやヴィーガンオプションのあるレストラン、ベジタリアンフードショップなどが簡単に探せてとても便利です。またこのアプリは日本でも利用できます。

櫻井：菊地さんはかなりスマホを使いこなした旅をしていますね。今の時代、スマホは海外旅行でもその威力を発揮しますね。私も昨年1月に訪問したアメリカやヨーロッパではグルーグルマップや市内交通のアプリでその威力に納得させられました。それ以外ではどんなことがありますが？

ヴィーガン先進国の実状

菊地：ヴィーガン先進国のフランスやスイスでは、ヴィーガン専門店やヴィーガンオプションは、かなり人気が高く、日本に比べて格段と豊富で、街では簡単に見つけることができます。オーガニック・菜食主義の食事法がもうマイナーではないと認識しました。また、世界の主な航空会社の機内食ではエコノミークラスでもしっかりヴィーガンメニューが提供されています。こうしたヴィーガンの普及状況を自分の目で確かめられたことで、今後の事業展開のヒントを沢山得られました。特に今後の注目すべきテーマとして、地元のマルシェ（野菜市）の活用、ヴィーガンカフェ、ヴィーガンカフェに併設の健康プログラム、Bｉｏショップなどのオーガニック・ヴィーガン専門店、中東のヴィーガン料理、海外での健康食としての日本食材の利用などがあげられます。

櫻井：さて帰国時空港でのコロナの検査や、公共交通機関を使わず自宅までの移動、2週間の自主隔離、その間の生活はどうされかなどをちょっと詳しく教えてください。

帰国後の抗体検査・成田からの移動・自主隔離

菊地：成田空港に到着すると、まず空港での抗体検査が待っています。飛行機を降りたら、空港内を誘導されて受付場所につきます。機内で渡されて記入した書類を見せて、訪問国の確認と待合室の座席番号を割り当てられます。それから、検査会場で試験管のような容器に唾を1．5ｃｍの線まで溜めてサンプルを提出します。その後、指定された待合室の座席待ちます。次に番号を呼ばれ、抗体検査が陰性（ネガティブ）と言われホットしました。やっと入国手続きを済ませ、荷物を受け取り、空港から出ることができます。私の場合は飛行機を降りてから検査を経て1時間半ほどで空港を出れました。ＰＣＲ検査をしていた時と違って、格段と早く結果が出ます。到着便が混雑するともっと時間がかかるようですが。

帰国後の空港からの移動手段は、公共交通機関の制限は事前にわかっていましたので、自宅から成田空港までは自分のクルマで移動し、成田空港近くの長期駐車可能なパーキングで預かってもらい、それを使って自宅に戻りました。自主隔離中は、強制ではないので外出は可能ですが、ほとんどおとなしく家にいました。自宅で食事を作り、リモートで仕事もできるので、ほぼ普段と変わらぬ生活ができました。帰国して5日目あたりから、厚生省からコンピュータ電話が毎日かかってくるようになりました。毎回健康に関する質問として「帰国者かその家族の方に37.5度以上の熱がありますか?」と「咳や喉の痛み、鼻水、体のだるさ、風邪の症状がありますか?」という二つの質問がありました。症状がない場合、音声で2回「いいえ」と答えて終了です。15日目から電話がかかってこなくなり、晴れて帰国後の隔離を終了しホッとしました。

櫻井：菊地さんの場合は、元々自分でスケジュール管理できる経営者なのと、成田空港から近場に住んでおり、自分専用のクルマを使っているなど、条件が整っていたことはラッキーでしたね。話は変わりますが、菊地さんは現地でコロナに感染して帰国が難しくなった事態などは想定しなかったのですか? その辺のことを教えてもらえませんか?

帰国が困難になったら?

菊地：正直、成田空港に行って、ほとんどのフライトが欠航になっているのを目の当たりにするまでは、帰国できなくなるという不安はありませんでした。

しかし、本来の自由奔放な性格から、もし現地で何かあったら滞在を延期し、しばらくフランス語でも習いながら現地の生活を楽しもうと腹をくくって出国しました。感染の不安はなかったのですが、最終目的地のパリの地下鉄の人混みに遭遇した時に初めて、感染がとても心配になりました。パリに知人がいたこともかなり安心材料のひとつでした。この時期の旅行は、相当な覚悟と、コロナでの規制に臨機応変に対応できるパワーや語学力、根気強さが求められ、他の方にはお勧めできるものではありませんが。

櫻井：ちょっとやそっとでは真似のできない考え方が、この旅行の出発点なんですね、恐れ入りました。今回の旅行は特別のタイミングでしたが、菊地さんが心掛けている海外旅行の注意点を少し詳しく教えてもらえませんか?

海外旅行の注意点

菊地：あまり忙しい旅のスケジュールをたてずに、1都市に最低2泊以上することで旅程を立てました。この1都市最低2泊は、今までの体験から、訪問した街を満喫するために心掛けている点です。荷物のパッキング作業のストレス軽減にもなります。次に持ち物では、SIMカードと現地で通貨を引き出せる海外デビット付きキャッシュカードを準備することです。海外でインターネットを使うために必要なSIMカードは必須アイテムです。SIMカードは事前に何日間有効か、何GBのデータ容量か、対応国などを確認して日本で購入していきます。そして自分のスマホをSIMフリーにしていくことを忘れないことです。

海外デビット付きキャッシュカードは、日本円を事前に入金して持っていきます。ATMで現地通貨を引き落とせ、クレジットカードとしても使えて便利ですし、支出管理にも効果的です。クレジットカードで海外のATMで現金を引き落とせず、焦った経験から使うようになりました。海外では安全面からできるだけ現金を持ち歩かないのを鉄則にしています。

他にも細かいアドバイスは沢山ありますが、詳しくは私の会社のホームページにあるブログを見て下さい。

櫻井：さすが実践的な旅行術ですね。最後にコロナ終息時に個人で海外旅行しようと考えている方にアドバイスをお願いします。

コロナ終息時の個人の海外旅行のアドバイス

菊地：私の今回の旅行は、実に幸運な偶然の結果です。私の旅行時はまだ現地で全国的なロックダウン前だったので自由に行動ができ、予定通り旅を敢行できましたが、今の状況なら確実に中止していたと思います。今の感染拡大が続く限り海外旅行はしばらくお預けです。でもコロナが終息に向かえば、今ほどの制限を受けずに海外に行けるようになると思います。それまでネットなどでしっかり現地の事前調査をして旅の準備をしておきましょう。また、語学学習も忘れずに。個人で自由に海外旅行をする上で語学はとても大切です。そして旅のテーマを決めることも旅を楽しむコツです。その日に備え、私もしっかりマイルを貯めておこうと思っています。

櫻井：私も菊地さんのアドバイスをお聞きし安心しました。読者の皆様も現実を直視して、安全に旅行できる日に備えマイルをしっかり貯めておきたいものですね。本日は貴重な体験談をありがとうございました。

2021年1月24日

特別コラム

実録　コロナ対策万全での四国半周の旅（2020年12月）

ＡＭＣ「今週のトクたびマイル」

ＡＭＣには通常より少ないマイル数で特典航空券が使える「今週のトクたびマイル」があり、毎週火曜日に発表され、その週の木曜日から1週間内に旅行をしなくてはなりません。制度ができてから私も毎年何回か利用してきていて、2020年も第1回の緊急事態宣言が解けた7月に北陸旅行に利用しました。その時は感染に関する意識もマスクをきっちりして、手洗いとうがいを徹底していれば安心という程度の意識でした。でも晩秋になって再び感染が拡大してきてからは違いました。私自身が罹患した後の危険度が高い年齢でもあるし、感染拡大は地方にも及んでいたからです。しからばこの時期での十分なる感染対策とは何かと考えて、それを実践すればよいと思っていたところ、12月2週に東京から高松、高知が利用できる「今週のトクたびマイル」が発表されました。この好機を逃す手はないと思い、その日の内に宿やレンタカーの予約を調整し片道一人3,000マイルで行きは東京⇒高知、帰りは高松⇒東京で妻と二人分特典航空券を予約して旅行に出ることにしました。宿の予約には「GO TOトラベル」を使ったのは言うまでもありません。

自宅から羽田空港へ

出発日の土曜日は空港駐車場の混雑が予想され、前夜に初めて予約しようと試みました。ところがＡＮＡカウンターに一番近いＰ3どころか羽田空港直結の駐車場も予約は全部一杯です。実際予約して、初めて予約枠が元々少ないことがわかりした。今までの経験から早朝に駐車場に入れば何とかなると考え、出発当日は朝6時台に着くように自宅を出て羽田空港に向かいました。駐車場は予想通り混雑しており、早朝の6時台でも最上階にしか空きスペースがありません。もう30分遅いとＰ3は満杯となるところでした。

羽田空港から高知空港へ

コロナ禍で減少した航空利用客も国内線ではだいぶ戻ってきたようでしたが、羽田空港内の販売店や飲食施設は休業しているところが予想以上に多く、コロナの影響は空港では依然甚大でした。いつも時間がある時は、ANAフェスタで崎陽軒のシウマイ弁当を買い、ANAラウンジでビールを飲みながら食べるのですが、今回はレンタカーを運転するのでビールはお預けです。仕方なくウーロン茶でがまんしました。国内線ラウンジでビール飲み放題なのがSFCのメリットですが、コロナで旅行が激減し年に数回の利用では年会費の元がとれません。広い羽田のANAラウンジはガラガラでした。これなら密になりません。ゲート内のANAフェスタも半分以上閉まっていてびっくりしました。高知便はゲートが変更になり、一番遠い70番ゲートです。ラウンジから意外と時間がかかります。少し早めに移動してよかったです。案の定私が最後の搭乗客でした。搭乗便に使用のエアバスは最新機種で機内Wi-Fiが使えて快適です。滑走路も混雑はなくあっという間に離陸して、一路高知に向かいました。高知訪問は5年ぶりです。

高知空港から観光した後市内ビジネスホテルへ投宿

レンタカーをワンウエイ（乗り捨て）で使えると機動力が抜群となり、旅程のバリエーションが広がります。ただ日本のレンタカーの乗り捨て料金は米国に比べてバカ高いのが欠点です。ところがトヨタレンタカーなら四国四県内なら3300円で乗り捨てができる料金体系で、今回の旅程はそれが決め手になりました。おまけに楽天トラベル経由だと割引クーポンも使えます。高知龍馬空港でレンタカーを借り、市内に行く途中にある桂浜に立ち寄りました。さすがに空いています。他の観光客との間隔をたっぷりとり、ゆっくり散策をして高知城へと移動しました。夕暮れ近くの高知城もガラ空きでした。高知には優に数十回は来ていますが、今まで城の中に入ったことはありません。高知城にはエレベータやエスカレーターの類が全くありません。坂道を歩いて高台まで上ります。道理で入口に無料の貸し杖が置いてありました。名君山内一豊や糟糠の妻で名高い奥方の銅像、昔の百円札で馴染みのある板垣退助像など、城内に歴史上の名高い人物像が立っています。高知城はめずらしく先の戦災を免れて、昔からの追手門も現存している名城です。天守閣からの眺めは苦労して登った甲斐がありました。今夜の宿は高知のド真ん中、はりまや橋交差点にある西鉄インです。専属駐車場が便利です。ビジネスホテルとしては客室の質感も良く、おまけに高知県の「高知観光リカバリーキャンペーン」が申請でき、旅費の一部が還付されることになりました。

高知から山間コースを経て宇和島へ

二日目は高知山間部にある檮原（ゆすはら）を経由して四万十川の清流をみて、宇和島に寄り、歴史的な風致地区が残る内子町を経由して松山に行く強行軍です。朝早く出るのでホテルでの朝食はとりません。しかしホテルを出たころで、予定はすぐに崩れました。日曜日の追手門筋で日曜露店朝市が開かれていたのです。家内はこの手の市場で生鮮品の買い物が大好きです。クルマでの移動なので思いっきり買い込まれました。出だしから大幅な時間超過です。檮原（ゆすはら）に行くことにしたのは、著名な建築家隈研吾氏の設計した町立図書館の見学を、高知在住の友人が勧めてくれたからです。この山間の町は図書館以外にも隈研吾氏が設計したホテルや道の駅などの建造物で町おこしをしていて、坂本龍馬脱藩の道にも位置している穴場的な観光地です。最初から時間をおしての出発でしたので、残念ながら四万十川の清流は今回は見送り、宇和島に直行しました。途中で休憩した道の駅（道の駅 森の三角ぼうし：北宇和郡鬼北町）では丁度ランチタイムでしたが、私達は宇和島で鯛めしを食べることにしていたので小休止にとどめました。ここではコロナ時代の旅行での大きなヒントをもらうことになりました。隣に駐車した老夫婦は、広い道の駅の開放的でゆったりした食事に最適な休憩スペースをものともせず、売店で弁当を買うと、自分のクルマの中に戻りそのまま車内で食べ始めたのです。考えてみれば、隣に誰か座られることを心配するよりも、自分の車の車内が一番安全です。年配者の慎重な行動に感心しました。宇和島での鯛めしは遅めの時間帯であったので個室で食べることができました。私が宇和島城を見学している間、家内は地元名産のみかんを送料無料の地元スーパーから今年の歳暮に北海道の親類に送るなど買い物に勤しみました。

宇和島から内子経由で松山へ

宇和島滞在も意外に時間をとってしまい、内子に着いたのは日が暮れかかる時刻になってしまいました。内子座を外から見た後は近くのお店も閉まってしまい、歴史的な街並みはちょっとの間しか見て回ることができませんでした。松山へは高速道も使えますが、急ぐ旅ではないので一般国道を走りました。松山へは午後7時過ぎて到着。松山ではSFC会員の特典が使えるANAクラウンプラザ松山に泊りました。ルームサービスが使えるはずが、コロナで休止中。昨春に行った金沢のANAホリデイインではルームサービスを強化していたのとは真逆です。コロナだからこそ生きるサービスだと思うのですが、残念でした。

松山から高松を経て大量のお土産を携えて無事帰宅

SFCの会員特典で個人的には一番のメリットだと思っているのが国内ANA系ホテル宿泊時での無料朝食サービスです。松山のANAクラウンプラザではビニール手袋を使ってのビュッフェスタイルでした。眺めの良い朝食会場では客席の間隔は開いてはいましたが、期待の朝食は楽しめませんでした。すこしホテルの部屋でくつろぎ、お昼前には高速道を使い高松をめざしました。高松のときわ新町には私が一番好きな食事処「しるの店おふくろ」があり、ここで食事をすることも今回の旅の目的のひとつなのです。お店は営業開始が午後5時なので東京に戻る最終便の時間まであまり余裕がありません。さらに美味しい食事には晩酌も欠かせません。そこでレンタカーは市内の営業所で返し、タクシーで空港に行くことにしました。道中各地でどっさり買い込んだお土産があったので、一足先に空港の手荷物カウンターで預け、レンタカーを市内営業所へ返却し、開店10分前にお店に着きました。午後5時きっかりにお店は開店。40席程ある店内はなんとわずか10分程で満席となりました。ここはおばんざいスタイルの居酒屋さんなのでとにかくスピーディーに料理が出てきます。小一時間もしない内に、満腹になるまで、小鉢のおかずや焼き物、刺身、炊き立てのご飯、みそ汁等美味しいおふくろの味をたらふく食べました。予定より早く食事が済んだので、近くの琴電瓦町駅から空港連絡バスでも間に合います。バス運賃は車内払いでなら「GO TOトラベル」の地域クーポンが使えました、空港売店で残りのクーポンで瓦せんべいを買い、最終便に乗り込みました。ビジネス客で結構混んでおり、羽田での到着ゲートへの連絡バスで今回の旅行で唯一のちょっとした「密」を感じました。手荷物カートに載せきれない程の大量の土産類（多くは生鮮食品）をクルマに移し空港を後にしました。こうしたことができるのも、航空機以外は全てクルマでの移動だからできるワザです。ドタバタと出かけた割には、費用を抑えて新型コロナウイルス感染対策が万全な旅ができたと思います。特典航空券を上手に使ってまた旅に出かけたく思いました。

反省とアドバイス

　割とスムーズに実施できたコロナ対策万全の旅の第1回目でしたが、抜けていた点がかなりあります。最後に反省を込めてアドバイスを記すことにします。

①空港駐車場の週末利用は事前予約が望ましい

　空港直結の駐車場は週末の需要が多く、出発便に確実に間に合う為には予約料金がかかっても事前予約が安全です。

②旅行移動中の昼食には車内利用がコロナ対策では合理的

　今回の旅行で道の駅で見かけ老夫婦に学んだことは、移動時の食事には自分の車内を利用することです。地元の味もテイクアウトできるので、この方法は安価で合理的です。

③ETCカード持参を忘れない

　旅先のレンタカーで使うために、空港まで乗ってきた自車のETCカードを持参することを忘れないことです。レンタカー返却時には自分のカードを確実に持ち帰ることです。

2021年2月　　櫻井　雅英

PART Ⅵ

コロナ時代のマイル修行

本パートでは海外路線が使えないコロナ時代でのマイル修行を検討します。「マイル修行」とは、JALグローバルクラブ会員（JGC）やANAスーパーフライヤーズカード会員（SFC）への入会資格を得るために、歴年での１年間に搭乗実績を工夫して上級会員資格ポイントを獲得することを指します。この会員となると年会費を払いカード会員継続期間中は、搭乗実績を問わずサービスステイタスが恒久的に確保されます。日本の2大マイレージにしかない特長あるマイレージ提携クレジットカード会員で、日本のマイレージ愛好家の間では憧れの会員制度です。今まで各種のマイレージ関連の書籍やブログ等での修業案は、ほとんど東京発のプランしか論じられていません。そこで本書では、主要な地方空港を出発地とする修行案も同時に考えてみました。

コロナ時代のマイル修行

日本の2大マイレージにはJALのJALグローバルクラブ（JGC）とANAのANAスーパーフライヤーズカード（SFC）という、サービスステイタスの永久会員制度にも似た特別提携カードの上級会員制度がありま す。海外のマイレージにはない、マイル利用者には魅力ある提携クレジットカード会員制度です。そこでこの入会資格を獲得するのに必要な資格ポイント（JMBでのFLY ONポイント、AMCでのプレミアムポイント）を貯めるだけの為に航空機搭乗を繰り返すことが盛んになりました。そして「マイル修行」という用語も、日本のマイレージ愛好家の中では一般化しました。最近はこれに加えさらに最上位の「ダイヤモンド会員」を毎年継続する為の修行もあるようです。ノウハウ本が多数出版されるなどマイル修行は年々加熱気味です。しかしご存知のとおり新型コロナウイルス感染拡大で飛行機に搭乗の機会が激減してしまった今、その修行環境は激変しています。そこで本書では「マイル修行」について、最近の情勢を加味して冷静に再考してみました。

●ポイント

①サービスステイタスは航空機利用時（特に海外路線）にメリットが発揮される資格。
②サービスステイタス会員向けの各種優遇サービスは、空港内のインフラ整備が進化して、その価値が相対的に低下してきている。
③JGC会員とSFC会員の最大のメリットは家族カード。

●サービスステイタスは航空機利用時に発揮される制度

マイル修行を始める動機は多々あるのでしょうが、専用ラウンジにせよ、ボーナスマイル獲得にせよ、獲得したサービスステイタスは航空機利用時にこそ、そのメリットが発揮される資格です。しかしコロナ禍では思うように航空機利用ができなくなってしまい、この資格が宝の持ち腐れ状態になっています。特に海外路線で最大の効果を発揮するこのサービスステイタスは、当面出番が少なくなってしまい、ここしばらくは無理をして獲得するメリットは薄くなっている気がします。修行する環境も良くありません。２０２１年度ではその価値や実行タイミングを見直してからでも遅くない情勢です。

●ステイタス会員の特典を再考する

優越感にひたれるステイタス会員向けの各種優遇サービスですが、空港内のインフラ整備が進化してきて、それ自体の価値が相対的に低下している点は否めません。まず各サービスの内容を点検及び再考してみます。

①優先セキュリティーゲート

マイレージの上級会員であるサービスステイタス保持者は大きな空港では、搭乗時に特別の優先セキュリティーゲート（ファーストトラック）を利用できます。小規模な地方空港ではこのサービスはありません。また海

◀成田空港第1ターミナル・スターアライアンス優先ゲート
優先セキュリティーゲートはステイタス会員のメリットのひとつ。

外の空港では適用基準が異なり、全てで利用できる訳ではありません。しかし長い列に並ばずに短時間でセキュリティーゲートを通過できる点は、サービスステイタスの特権で、特に海外渡航ではその威力は抜群です。

②専用ラウンジ

上級会員向けの航空会社ラウンジは、最も一般会員と差が付くサービスです。ただ国内線でもＡＮＡのプレミアムクラスに搭乗すればラウンジは利用可能です、ＪＡＬの場合でも国内線ファーストクラス搭乗ならワンランク上のダイヤモンドラウンジが利用できます。もっともＪＡＬのファーストクラスは路線が限られますから地方空港にあるサクララウンジはステイタス会員しか使えません。私見ですが国内線の空港ラウンジは国際線のそれに比べ、メリットが少ないと感じます。まず飲食類の提供が魅力薄です。また国内の全空港にある訳ではありません。さらに小さな地方空港のラウンジは最近の会員増で時間帯によっては満員近く混みあう様になり、コロナ時代ではこの「密」なる空間は却って危険を感じます。反面海外路線での専用ラウンジは、依然魅力的です。飲食類もさることながらシャワールームや様々なサービスが完備しています。また海外空港では日本のようにフリーＷｉ－Ｆｉや電源コンセントが整備されていないなどで、ラ

◀羽田空港ターミナルビル
最近は国内の主要空港ターミナルでは公共エリアで電源やフリーＷｉ－Ｆｉが使えます。

ウンジの有用性を実感します。特にエコノミークラス利用時でも、同行者も含め利用できるアライアンスの共通ステイタスＪＧＣでのＪＭＢサファイア、ＳＦＣでのスターアライアンスゴールドは、その威力を発揮します。ファーストクラスの専用ラウンジは言うまでもありません。こうした点を考慮すると海外旅行に行く機会が少ない方には、専用ラウンジ利用の価値は修行する程の価値がないと言えます。

③優先搭乗・前方座席確保

私は優先搭乗のメリットは全く感じられません。あの機内の狭い空間にはできるだけいたくないので、航空機には一番最後に乗りたいと思います。ひと昔前には国内線で一般シートでも新聞、雑誌サービスがあった頃は、読みたい雑誌類を確保できる有利な条件でした。優先搭乗して手荷物収納スペースの確保できる点も、最初から手荷物を無料で預けておけば問題ありません。海外航空会社の様に携行品のトラブルは日本国内線ではまずありません。前方座席は、海外旅行時のエコノミークラスでは、入国時のパスパートゲートに並ぶ順番が早くなるメリットは確かにあります。しかしコロナ時代ではゆっくり整然と間隔をあけて降機するので、我先に急ぐ方法は禁じ手です。前方席を予約するか、上位クラスを利用すればよい

◀成田空港第２ターミナル搭乗ゲート
優先搭乗もステイタス会員の特権です。

のです。仮にステイタスがあっても混雑状況では前方座席が確保されるとは限りません。

④プライオリティバゲージサービス・受託手荷物無料許容量優待

手荷物が空港で優先して出てくるサービス（プライオリティバゲージサービス）と無料で携行できる手荷物の重量が一般客よりも多く預けられることもステイタス会員のメリットです。このサービスは特に海外旅行でその威力を発揮します。海外旅行での帰国時には、お土産等を買って携行品の重量が増えることがよくあります。そんな時このサービスは非常に助かります。有料となるとその出費はかなり高額です。

⑤国内線先行予約・国内線特典航空券先行予約

年末年始やお盆、連休、夏休みなどのハイシーズンに、国内線の先行予約は確かにメリットがあるサービスです。しかし最近は国内線特典航空券もJALなら330日前から，ANAではダイヤ期間ごとの一斉予約開始後（最長約6ヶ月前）から予約できるようになり、以前より魅力薄となりました。

⑥国際線特典航空券・アップグレード特典の優先予約

国際線特典航空券の優先予約特典はANAのSFC会員にはありますが、JGC会員にはありません。但しダイヤモンド会員などランク上位の

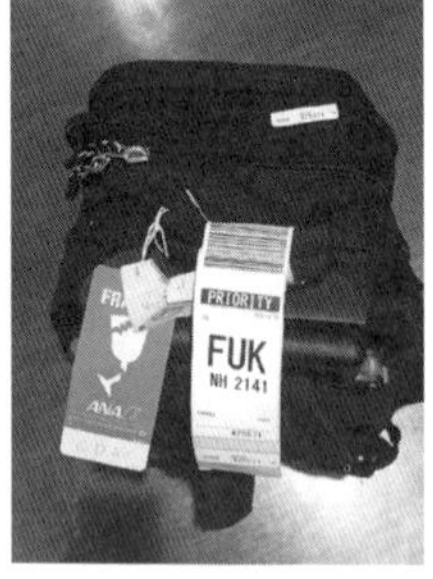

◀ANAプライオリティバゲージタグ
手荷物の優先取扱もSFC会員のメリット。

会員が優先となりますので、ＳＦＣ会員は少し有利だという程度のランクです。またＡＭＣにはアップグレードに使えるアップグレードポイントの付与がありますが、ＪＭＢではこのアップグレードポイントの制度は廃止となりました。国際線利用者には非常に有用なサービスです。

⑦搭乗時のボーナスマイル

前年度で獲得のステイタスがない普通のＪＧＣ会員はボーナスマイルが日本航空、アメリカン航空、ブリティッシュ・エアウェイズ、イベリア航空にマイル積算対象運賃での搭乗時に35％のボーナスフライトマイルが積算されます。ＳＦＣ会員は、ＡＮＡグループ運航便、ユナイテッド航空、ルフトハンザドイツ航空、スイス インターナショナル エアラインズ、オーストリア航空運航便に一般カードは35％、ゴールドカードは40％、カードプレミアムは50％のボーナスフライトマイルが積算されます。このボーナスフライトマイルはステイタスが無くても、ＪＡＬならＪＡＬカードで日本航空便限定ですが10％～25％獲得でき、ＡＮＡならＡＮＡカードでＡＮＡグループ便限定ですが10％～20％獲得できるのでステイタスがないと利用できないメリットとは言えません。搭乗時のボーナスマイルでは算出基準に搭乗クラス以下に運賃種別（予約クラス）の係数が加わるように

◀ＪＡＬビジネスクラス機内食（成田・シカゴ線）
アップグレートすると食事もレベルアップ。

なったので、国際線の長距離路線での割引航空券では年々魅力度が減じています。積算率30％の予約クラス運賃なら、東京⇔ロンドンでもＪＧＣ会員が獲得できるボーナスマイルは僅か652マイルでしかありません。これなら国内のプラスマイルプランのホテルで獲得する方法など他の方法がより実利的です。

⑧その他のＪＧＣとＳＦＣの特典

その他ＪＧＣ会員とＳＦＣ会員には、空席待ちの優先など共通の航空機利用時の会員特典がありますが、あくまでこれらは航空機利用時にその真価が発揮されるものばかりです。また手帳やカレンダーのサービス等も本会員のみが対象です。特筆すべき点として、ＳＦＣ会員はマイルへのＡＮＡスカイコインの交換倍率の優遇（1.6倍）と、ＩＨＧ・ＡＮＡ・ホテルズグループジャパンでの朝食無料サービス等の優待策があることです。

⑨家族カードのメリット

ＪＧＣ会員とＳＦＣ会員の最大のメリットは、家族カードの存在です。家族にマイル修行させなくても、同じ特典が家族カード会員にも提供されることです。例えば3人以上で家族旅行する場合、家族カードでラウンジ利用者の人数

◀ＡＮＡホリデイ・イン金沢スカイＫＥＮＲＯＫＵ
ＩＨＧ・ＡＮＡ・ホテルズでの朝食無料サービスがＳＦＣ会員のメリット。

を増やすことができます。同行のお子さんやご両親やご家族の方がラウンジ利用できずに、あなただけラウンジ利用するなどはできませんね。家族カード会員は本会員を同行せずに単独で利用した場合も各種特典は共通利用できます。

●2021年のマイル修行

国際線搭乗時に世界共通のサービスステイタス（JGCでのJMBサファイア、SFCでのスターアランアンスゴールド）の威力は抜群です。来るべきアフターコロナ時代に備え、今年こそマイル修行をしたい方には2021年はマイル修行に有利な条件が出てきています。**特に2021年3月22日に発表されたAMCの「2021年春プレミアムポイント2倍キャンペーン」は特筆されます。**さらに2021年限定のボーナスプレミアムポイントやAMCのキャンペーン（2021プレミアムメンバーチャレンジ）やJGCならJALカード会員キャンペーン（JALカード会員初回搭乗の5,000ポイントFLY ONポイントのボーナスポイント付与）があります。国内線では修行に有利な割引運賃での予約も取りやすくなっています。国際線は使えませんが、国内線搭乗だけのマイル修行なら、緊急事態宣言が終了しワクチン接種が本格化して旅行環境が好転したなら、十分成算ありと思います。

◀小松空港ANAラウンジ
3人以上のグループ旅行でのラウンジ利用は家族カードのメリットが生かせます。

●自然体でのステイタス獲得

少し視点を変え、こうした「マイル修行」をしなくても、無理せず自然体でJGCやSFCの入会資格が取れる好機を待つというのも得策です。それができた筆者の経験を参考情報として紹介します。

長い人生では、仕事や環境の変化で航空機を利用する機会が増えることが何の前触れもなく訪れることがありました。1度目は大学4年の時に、家の事情で首都圏から北海道の実家へ頻繁に飛行機を使い帰省することがありました。残念ながらこの時代にはマイレージがありませんでした。2度目は、独身時代の大阪勤務時に、1年間でしたが毎週2回松山まで出張で航空機を利用しました。また翌年から毎月2回の東京出張には終業時刻の関係で、新幹線ではなく航空機で東京出張がありました。その後広島や札幌に転勤になり、またまた月に最低2往復以上航空機を使った出張が続きました。当時マイレージはまだ国内線にはなく、その頃国内線にマイレージがあったなら、とうにANAもJALの両方のミリオンマイラーになっていたと思います。その後東京の本社勤務になってからは、数年間全く航空機を利用する出張がない部署に配属になった期間もありました。それから転機が訪れます。今度は頻繁に海外それも長距離の欧米諸国に出張が多い業務担当となり、初めてマイレージを利用する

◀搭乗機の窓からみた雲海
長い人生では航空機に乗る機会が多くなる時期がいつか訪れるかもしれません。

機会が訪れました。そこから約10年間は国内外に航空機利用はかなり多い環境となり、マイレージにのめり込みました。しかし訪問先へはスケジュールや路線の都合上JAL、ANA、JASの3社を併用する為、年度によってはステイタス会員の最低ランクしか到達できなかったので、個人的な利用を1社に絞り、年を変えてJGCとSFCを獲得できました。こうした仕事上や生活環境の変化等で訪れる好機をとらえて、航空機を利用した個人旅行をちょっと増やして無理せずJGCやSFCの入会資格を獲得するのが理想ではないでしょうか? 楽観的かもしれませんが、人によっては好機を待つのがよいと思うのです。

●マイル修行の費用

JGCやSFCを地方在住者の方でも達成しやすいのは、ポイント積算率2倍の国内線の特定路線を割引タイプの運賃（JALでのウルトラ先割、ANAでのスーパーバリュー75等）で乗り続ける方法です。これ以外にもポイント積算率で1.5倍の海外路線（アジア路線、オセアニア路線）を併用する方法もありますが、コロナ問題で2021年度は環境的に見込み薄です。費用が多くなっても短期間で到達したい方は、国内路線でANAならプ

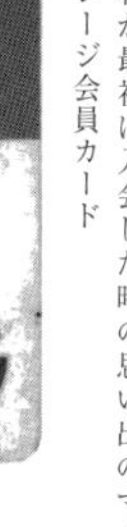

◀NWA WorldPerks会員証
私が最初に入会した時の思い出のマイレージ会員カード

レミアムクラス、ＪＡＬならファーストクラスの利用でも可能です。ＪＧＣなら回数とポイントの併用でも入会資格が獲得できますので、短距離路線での低運賃で回数を稼ぐ方法も総費用と日程を天秤にかけて選択することでも可能です。詳しくは次項の「マイル修行の試算について」を参照ください。

●旅を楽しむマイル修行

本書での今回の修行案は休日に日帰り旅程で最安の運賃での試案です。しかし旅を楽しみながらできる修行なら、まだ行ったことがない日本各地に宿泊して訪問する「マイル修行」の方が、お金は余計にかかりますが夢があると思います。私も全国各地の空港の内、隠岐、種子島、大東島、五島列島等行ったことのない離島の空港がまだ残っています。こうした普段行くことない地域を旅行しながらのマイル修行もひとつの視点です。

●修行に使える最安割引運賃以外の各種運賃とツアー

①シニア割引：満年齢65歳以上の方はＪＡＬなら当日シルバー割（マイル積算率75％）、ＡＮＡならシニア空割（マイル積算率50％）が使えます。ＡＮＡのシニア空割は深夜０時を過ぎると当日空席分でもＷＥＢ予約できます。

◀成田空港第２ターミナル・ＪＡＬラウンジ
航空会社のラウンジもステイタス会員のメリット。

②株主優待券の利用：株主割引運賃はＡＮＡのプレミアムクラスならマイル積算率１２５％で搭乗ボーナスポイント（４００）が、ＪＡＬのファーストクラスでもマイル積算率１２５％で搭乗ボーナスポイント（４００）が付くなど、長距離路線（札幌―沖縄、東京―沖縄等）の利用で一気にポイントを増やすことが可能でマイル修行に有用です。最近のコロナ禍で金券ショップ等では格安に入手でき、実際株主でない方も使うことが容易になっています。

③アップグレード：ＪＧＣ修行で今回利用する「ウルトラ先割」も全ての運賃で、利用する搭乗便に当日空席があれば、ＪＡＬ国内線のファーストクラスやクラスＪに追加料金を払い空港の端末でアップグレードができます。ＳＦＣ修行ならＡＮＡ国内線のプレミアムクラスへのアップグレードは２日前から当日申し込みより１､０００円安くネット予約可能です。但し包括旅行割引運賃（ツアー運賃）は対象外です。料金は路線ごとに異なります。アップグレードは、路線によってポイントの増量に有用な方法です。

④ダイナミックパッケージ：宿泊を前提とした旅程でなら、マイル積算率は50％と低いですが、再開予定の「ＧＯ ＴＯトラベル」での割引を併用することでダイナミックパッケージが修行にも好条件となる可能性があります。

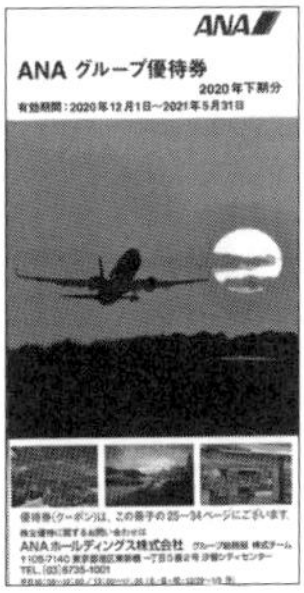
ANA
ANA グループ優待券
2020年下期分
有効期間：2020年12月1日～2021年5月31日
ANAホールディングス株式会社
TEL.(03)6735-1001

◀ＡＮＡグループ優待券
株主優待でツアーや宿泊の割引となります。

マイル修行の試算について

多くのマイル修行の攻略本においての解説では、実際の修行に配慮した前提条件（空港までの移動時間や日程と期間「休日などの曜日」、利用クレジットカード等）が、細かく考慮されていないものが多く、実態を反映した試算が不十分だと感じていました。そこで本書ではこうした点を補い、より現実を反映した試算を試みるように心掛けました。まず東京（首都圏）以外の全国主要エリア（札幌、名古屋、大阪、福岡、那覇）を起点としたマイル修行の攻略案を試算しました。今回はコロナ時代に即応して、専ら国内線を使ったシミュレーションです。その際問題となるのが日程、路線、搭乗クラス、運賃種別、獲得ポイント数などですが、日数がかかっても、支払う航空運賃をできるだけ安く獲得することを主眼に試算しました。また空港と自宅との往来が可能な時間帯での休日での日帰り旅行を基本とし、最安運賃の設定があっても早朝便や深夜便はあえて対象とはしていません。読者が本書を読む時点では、すでに該当の運賃は満席である可能性が高いものありますが、あくまで執筆時（2021年1月下旬～2月上旬）の試算であることをご了解下さい。

●ポイント

①2021年度は国際線利用の見込まれ、JGCやSFC入会獲得のマイル修行も国内線利用に限定されそう。
②JGC入会資格獲得はポイントだけではなく、搭乗回数（50回）が併用でき、短距離路線で回数を稼いで達成可能。
③安い費用で達成するには、事前購入運賃の割引率が高い閑散期に集中して搭乗する。

●試算の前提条件

①国内線に限定：２０２１年度は国際線利用が極めて困難です。このことからＪＧＣ修行もＳＦＣ修行も国内線利用に限定して試算しました。

②実施時期の選定：サービスステイタスは翌年度からその資格が効力を発揮しますが、ステイタスサービスの一部は資格条件を獲得した直後から提供されます。その点ではマイル修行は、年度が変わった直後の１月から開始し早目にゴールインするのが有利です。実際国内線運賃でも１月～２月は閑散期で最も安価な割安運賃が設定されています。今回の２０２１年度では、緊急事態宣言で不要不急の外出を自粛している時期のマイル修行は憚られます。また実際の旅行では積雪や台風など天候上の問題で欠航や遅延のリスクがあることも想定しなくてはなりません。この点に配慮し、本書での試算は基本的に２０２１年度では5月下旬からスタートし、繁忙期で運賃が高くなる7月～9月はできるだけ避け、11月中に完了するスケジュールにしました。本来最も運賃が下がる時期は1月～2月ですので、もし翌年度に計画され本書の試案の路線搭乗時期をずらして再検討すると、さらに低コストでのプランが実現可能かもしれません。

③休日（土・日・祝）を使った日帰り旅程：最安運賃を利用するには、週

◀那覇空港ターミナル
国内線でのマイル修行に重要な空港です。

末よりも平日が有利ですが、実施日に関しては一般的な休日（週末の土・日、祝日）を使うことを基本に試案しました。また起点とする空港から日帰りできる旅程としました。また最初の搭乗便の出発時刻は午前7時以降で、また最終の帰着便時到着時刻も午後10時半までに限定しました。午前6時台空港発の早朝便や午後10時半以降空港到着便には同区間の最安運賃の設定も多々ありますが、公共交通機関で自宅と空港を往来する点に配慮しました。出発到着で時間の制約で全く問題ない方は、試算案にある搭乗便を変更することで、さらに安価な費用にできる可能性も一部にはあります。

④**運賃種別**：ポイント数だけが目標となるＳＦＣ入会資格獲得の最大のテーマとしては、ポイント単価を下げると総費用が安くできることにあります。このことを考慮すると長距離路線の割引運賃が一番の候補になります。ＪＧＣ入会資格獲得ではポイントと搭乗回数の併用でも資格獲得が可能なので試算方法は異なります。いずれにせよ最安運賃（ＪＡＬでのウルトラ先割、ＡＮＡでのスーパーバリュー75）を一番の候補にして、ＳＦＣではポイント単価の安くできる運賃設定のある路線をトライ&エラーの手法を使ってＷＥＢで探します。またＪＧＣでは短距離路線を使った回数で条件クリアできる案とポイントだけでの達成を試算し、総費用の安く済む

◀京浜急行品川駅ホーム
京急の空港快特は羽田空港へ便利な電車。

方を今回は採用しました。規定期間内になるべく安くなる運賃の組み合わせを採用しましたが、実際の出発時刻、到着時刻、乗継時間などの制約がありますので、往復とも最安運賃での組み合わせが日帰り日程で利用可能とは限りません。金額を優先させた為、日程が数ヶ月開くこともあります。試算にあたって一番厄介な問題は、路線別に割引運賃が日程によってかなり変動することです。さらに繰り返しになりますが、試案はあくまで本書執筆時に公示の情報から、誰もが試算できる範囲に留めてある点をご理解下さい。実際修行に使う搭乗便の日程と運賃を検索するのが一番手間のかかる作業となります。

⑤**会員カード**：マイレージ提携クレジットカードには、入会ボーナスマイルや航空券の直接購入でマイル積算率アップなどマイル修行に有用な優遇サービスがあります。特にＪＡＬカードでは国内線・国際線の対象割引運賃が区間マイルの１００％に増量される「ＪＡＬカードツアープレミアム」（年会費２、２００円）があり、後述のように貯めたマイルをＪＭＢならｅＪＡＬポイント、ＡＭＣならＡＮＡ ＳＫＹコインに交換して航空券購入するには有用です。また２０２１年はＪＡＬカード会員なら、キャンペーンによってカードの種別を問わず初回搭乗でＦＬＹ ＯＮポイントが

◀ＡＮＡホームページ
マイル修行に重要な運賃種別はＷＥＢでしっかり確認しましょう。

5,000ポイント獲得できるからです。JALカードとANAカードとも普通カードは初年度の年会費無料です。ただ初年度会費を払っても航空機利用時のフライトボーナスマイルが25%となるワイドタイプのカード（JALはCLUB-A）やそれ以上の上位の提携カードは、今回の修行に使う路線によって会費分を上回る場合にのみ採用しました。

⑥総費用の試算条件：修行の途中で最下位のステイタスランク（AMCのブロンズ、JMBでのクリスタル）の獲得によって得た特典資格でのフライトボーナスマイル等修行の搭乗で獲得したマイルもeJALポイントやANAコインに換算して修行費用の減額分に計上してあります。但し利用する運賃は最低でも75日前までに購入しなくてはならず、修行の途中で獲得したマイルは実際の航空券購入代金に修行期間内ですべて充当することはできません。あくまで数字上の理論値です。

●日帰りの修行が安くなるとは限らない

本書での修行案は誰でも実行しやすい様に、一般的な休日（土・日・祝）に自宅から日帰り旅行を基本にして試案しました。時間的に余裕があれば、宿泊を挟んで最安運賃を選択する方法も一考の価値があります。その運賃差額で安

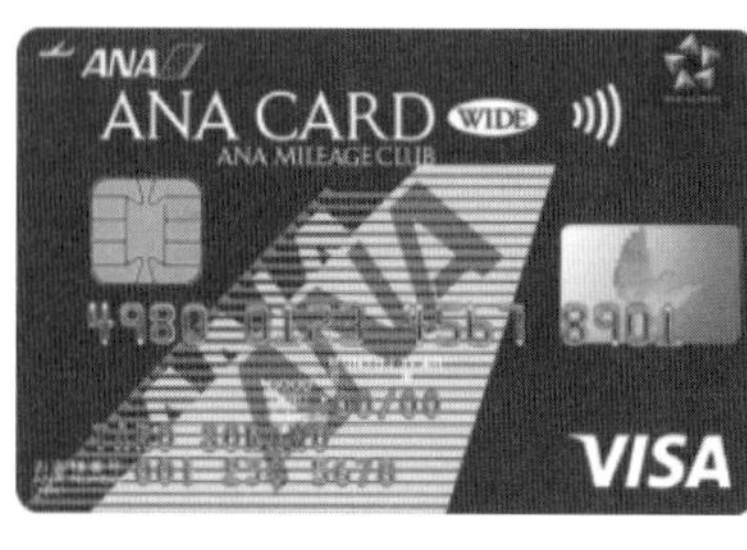

◀ANA VISAワイドカード
25%のフライトボーナスマイルが加算されるANAカード。

い宿なら、宿泊費が収まるのと、自宅と空港間の交通費も回数を重ねるとかなりの費用になるからです。閑散期に集中的に旅先や空港周辺に宿泊をして搭乗し、さらに平日も使えるならもっと安く達成できる方法があると思われます。

●就航便数削減と同日往復旅程の問題

2021年の1月に発出された2回目の緊急事態宣言後には国内路線でも減便、運休など運航計画が逐次変更されてきており、修行案の通りに搭乗することが難しく、同一日に往復旅程ができなくなる可能性があります。

●本書の修行案は一応の目安

本書での修行案は、単に運賃表から理論的に割り出したものとは違い、実際の搭乗日の搭乗便に設定されている運賃、搭乗締切時刻、復路との乗り換え時間、居住地から空港まで公共交通機関で日帰りできる時間帯などの前提条件を勘案して作成してあります。実際これを元に修行しようとする場合、利用者固有の諸条件も加わりますから、どのような案が費用的にも安く済むかは、航空運賃だけでは決まりません。新型コロナウイルス感染拡大の影響で、就航便の変更や運賃の改廃も今後多々ありますので、金

◀羽田エクセル東急ホテル
羽田空港第2ターミナルビル内の空港ホテル

額算定の目安として活用して下さい。搭乗便一覧と運賃の明細は巻末の資料編を参照下さい。

●JGC獲得には回数とJALカード初回搭乗キャンペーンが使える

ＪＡＬのＪＧＣ入会資格獲得条件では、単にポイントだけではなく、搭乗回数（50回）が併用できる点は、短距離路線で回数を稼いで条件を達成できるので有利です。さらにＪＡＬカード会員は、２０２1年度もキャンペーンでＪＡＬグループ便初回搭乗時に5，０００ポイント獲得でき、資格条件をクリアするのに非常に有利です。またＪＧＣ入会時に必須で既存会員は変更可能でありことを考えると、ＪＧＣ修行にはＪＡＬカード必携のカードです。オプションプログラムの「ツアーマイルプレミアム」は、短距離区間での回数併用では、増量マイルが年会費以下の価値しかない場合は使用していません。またカード種別では入会初年度の年会費を払ってもフライトボーナスマイルとショッピングマイルプレミアムで年会費分の価値を本修行内の獲得マイルで充当できるならＣＬＵＢ－Ａカードを試算の前提にしてあります。

◀羽田空港国際線ＪＧＣ専用カウンター
ＪＧＣ会員なら専用のカウンターが用意されています。

●SFC獲得での2021年のキャンペーン

SFCの獲得は現在ではポイント数獲得の方法のみです。本年度は2021年春プレミアムポイント2倍キャンペーンは非常に有利な条件で、さらにステイタスのないAMC会員にも初回搭乗時に3、000ポイントのボーナスプレミアムポイントが付与されることと「ステイタスチャレンジ2021」を利用すると、SFC入会資格獲得が通常よりも少ないポイント数で達成可能です。今回の修行案は2021年春2倍キャンペーン発売前に試算した通年案とキャンペーン期間内で資格獲得する春季案の二つの案を試案しました。「ステイタスチャレンジ2021」は考慮していません。

本書のマイル修行案より、1枚のANAカードで年間利用額（年間6、000、000円）ははるかに困難だと判断するからです。日本では高額な出費である家賃（住宅ローン）、教育費（大学の授業料）、自動車購入費などは殆どカードでは払えませんし、仕事上での立替費用などもカンパニーカード等の導入で、個人カード利用の範囲は少なくなってきています。何か高額な一時出費（結婚式）がないと、庶民には達成できない年間目標だと推論したからです。

●2021年春　プレミアムポイント2倍キャンペーン

2021年3月22日にホームページのキャンペーン情報として突然告知されました。トップページにも表示がなく、定期的にホームページを閲覧していないと気が付かないかもしれません。しかしマイル修行に関心ある方には非常に重要な情報です。なお対象運賃がマイル積算率75％以上の国内線運賃だけなので、マイル積算率50％の国内線運賃（ツアーやスマートシニア割等）を利用し、搭乗日に料金払いやアップグレードポイントの減算によって、プレミアムクラスへアップグレードした場合はキャンペーン対象外です。また期限が2021年6月30日と春季限定であり、また新たに国または都道府県により新型コロナウイルス感染拡大防止の対策が講じられた場合など、キャンペーンを中止となる可能性があります。

ＪＧＣ修行の試案

ＪＧＣ入会資格獲得には、その資格獲得ポイントである「ＦＬＹ ＯＮポイント（略してＦＯＰ）」だけではなく、搭乗回数（50回）が併用できるので、短距離路線等で回数を稼いで条件を達成する方法でも実現可能です。短距離路線での回数を稼ぐ方法は、集中的に搭乗して期間を短くして達成できますが、より安価にしようとする点では、割引運賃との兼ね合いで、回数併用が必ずしも有利ではありません。起点となる各地区の路線網や便数、運賃体系が影響します。今回利用する運賃ではすべての路線でウルトラ先割（積算率75％）が安価で有利な割引運賃ですが、一部の修行案ではＦＯＰ対策で特便の併用も考えました。

●ＪＡＬカードは必携のアイテム

ＪＡＬカード会員は、２０２１年度もキャンペーンでＪＡＬグループ便初回搭乗時に5,０００ＦＯＰが獲得できる点が、条件達成には非常に有利な条件です。また毎年初回搭乗時にはボーナスマイルが貯まり、搭乗時のフライトボーナスマイルがあり、貯めたマイルをｅＪＡＬポイントに交換して費

●ポイント

①ＪＧＣ入会資格獲得には搭乗回数（50回）が併用でき、短距離路線等で回数を稼いで条件を達成可能。割引運賃との兼ね合いで、回数併用が必ずしも有利ではなく起点となる各地区の路線網や便数、運賃体系が影響する。

②ＪＡＬカード会員は、２０２１年度もキャンペーンでＪＡＬグループ便初回搭乗時に5,０００ＦＯＰが獲得できる点が達成に非常に有利。

③年会費がかかるＪＡＬカードツアープレミアム、ＪＡＬカードショッピングプレミアム、ＪＡＬカードＣＬＵＢ-Ａなどは、元が取れる場合は積極的に利用する。

用をセーブするにも有利です。ＪＧＣはＪＡＬカード会員であることは必須ですが、既会員はＣＬＵＢ-Ａ以上の種別カードの切り替えだけの簡単な手続きで済みます。

●修行で有利なＪＡＬカードの種別とオプションプログラム

①ＪＡＬカードツアープレミアム

ＪＡＬカードだけの特長あるオプションプログラムとして、「ＪＡＬカードツアープレミアム」（年会費２、２００円（税込））があります。対象割引運賃でＪＡＬグループ便（国内線、国際線）に搭乗すると通常加算されるフライトマイル（区間マイルの50％〜75％）が、ボーナスフライトマイルが加算されます。年会費（２、２００円）は１マイル＝１.５ｅＪＡＬポイントと換算し、フライトボーナスマイルが１、４６７マイル以上なら、理論的にはこの年会費の元が取れます。今回の修行案の大阪発の但馬線を使ったプランでは、この「ＪＡＬカードツアープレミアム」を利用しても、ボーナスフライトマイルが会費増加回収分まで到達しないので利用していませんが、その他のＪＧＣ修行プランでは必須のＪＡＬカードのオプションプログラムです。すべて種別のＪＡＬカードで追加費用が必要です。

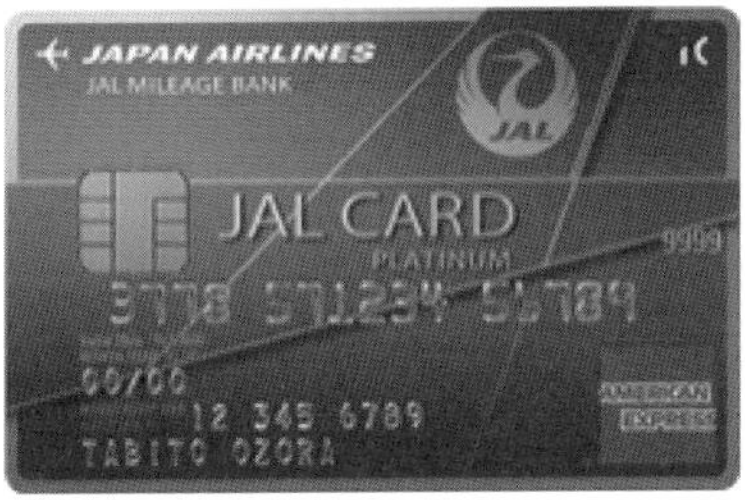

◀ＪＡＬカードプレミアム
ＪＡＬカードで最上位のカードです。

②ＪＡＬカードショッピングプレミアム

ＪＧＣ修行で利用する航空券の支払い総額によっては、初年度年会費無料の一般カードが最もコストセーブできるカードとは限りません。ＪＡＬカードにはオプションプログラムとして一般種別カード（初年度年会費無料）でのショッピングマイル精算率（２００円＝１マイル）が、２倍（１００円＝１マイル）にアップする「ＪＡＬカードショッピングプレミアム」（初年度から年会費３，３００円（税込）があります。これにＪＡＬカードでの支払いでマイルが2倍の「ＪＡＬカード特約店」扱いとなるＪＡＬグループでの航空券の直接購入では１００円＝２マイルとマイル積算条件がアップします。ＪＡＬ航空券購入でこのオプションの年会費の元を取るには３，３００÷１．５×１００＝採算分岐購入額となり、年間１４６，６６７円以上のＪＡＬ航空券購入があればよいことになります。今回の修行案は全てが該当しますが、次に解説するＪＡＬカードＣＬＵＢ－Ａなら、このオプションが無料で含まれるので、その費用と比較し、有利な場合のみ加入します。

③ＪＡＬカードＣＬＵＢ－Ａ

ＪＡＬカードには普通カードよりワンランク上位のＣＬＵＢ－Ａカード（年会費１１，０００円）があり、「ＪＡＬカードショッピングプレミアム」

◀**ＪＡＬカード特約店**（ステッカー）
ＪＡＬカードでの支払いでマイルが２倍になります。

のオプション年会費がカード年会費に含まれていて、しかも入会後の初回搭乗でのボーナスマイルが5、000マイルと普通カードよりも4、000マイル増量となります。さらにフライトボーナスマイルが普通カードの区間マイル数の10％よりも15％多い区間マイル数の25％の加算です。JAL航空券購入でこのカードの年会費の元を取るには1マイル＝1・5eJALポイントに換算すると、11、000円の年会費は7、500円（初回搭乗ボーナスマイル分でのeJALポイント換算）がすでに組み込まれているので、実質3、500円となります。JAL航空券購入でこのカード年会費の元を取るには1マイル＝1・5eJALポイントに換算して、3、500÷1・5×100＝採算分岐購入額となり、年間233、333円以上のJAL航空券購入があればよいことになります。本書でのJGC修行案では、福岡発の修行案（実質額232、821円）での運賃合計額以外は、CLUB‐Aカードでの利用が有利となる条件に合致しました。なお修行で獲得したマイルをeJALポイントに充当することは今回の修行でそのまま全部は流用できません。実際は修行に使う航空運賃（ウルトラ先割）は最低でも75日以前までに購入となるので、計算の上での試算です。

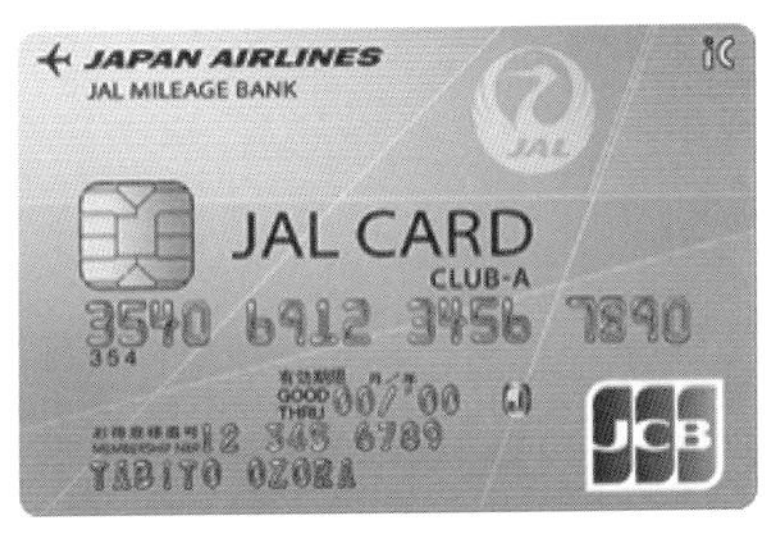

◀JALカードCLUB‐A
フライトボーナスマイル増量が魅力のJALカードです。

●提示の修行案は一応の目安

修行案の前提条件は前述の「マイル修行の試算」に詳述してあります。すべての案はネット検索を使いトライ&エラーで試算しました。単に運賃表から理論的に割り出したものとは違い、実際の搭乗日の搭乗便に設定されている運賃、搭乗締切時刻、復路との乗り換え時間、居住地から空港まで公共交通機関で日帰りできる時間帯などがそれにあたります。特に居住地に関してはその周辺地区も含めた関係で、始発便や最終便が使えないこともあり、厳密な最低額にはならないケースもあります。さらにこの案で実際修行しようとする場合、それぞれ固有の前提条件も加わるので、どのような案が費用的にも安く済むかは、航空運賃だけでは決まりません。新型コロナウイルス感染拡大の影響で、就航便の変更や運賃の改廃も今後多々ありますので、修行算定費用の目安として活用して下さい。搭乗便一覧と運賃の明細は巻末の資料編を参照下さい。

⑴札幌発の修行

札幌発のＪＡＬ短距離国内路線が丘珠空港発で北海道内にＨＡＣとのコードシェア便がありますが、割引運賃は相対的に割高で回数併用では運賃額がネックとなります。ポイント数が稼げるＪＡＬ路線では札幌・福岡線が最長

◀新千歳空港ＪＡＬダイヤモンド・プレミアラウンジ
ダイヤモンドラウンジは生ビールもプレミアムタイプです。（２０２０年９月）

です。便数では札幌・東京線、札幌・大阪線、札幌・名古屋等が比較対象となります。試算の結果本書のＪＧＣ修行案では札幌・福岡線の利用を安価に達成できる修行案として採用しました。

搭乗回数：34回（新千歳⇔福岡：17往復）
開始日：２０２１年５月22日　達成日：11月28日
総費用：額面３４２、５２０円　実質２８０、６８１円
一番早い出発便時刻：11：00発　一番遅い到着便時刻：16：45着

特記事項：新千歳空港の出発時刻11：00発で最終帰着16：45というスケジュールなので、札幌圏以外にも室蘭、旭川、帯広などからも利用できるプランです。詳しくは巻末資料編の主要空港の始発・終電一覧を参照下さい。

(2) 東京発の修行

東京では回数狙いの短距離路線には東京・名古屋便があります。ＦＯＰポイントが稼げる長距離路線では東京・石垣線が最長です。次いで東京・沖縄（那覇）線などがありますが、運賃と便数から羽田発の沖縄（那覇）と名古屋便が

◀羽田空港ＪＡＬダイヤモンド・プレミアラウンジ
コロナ禍で広いラウンジも利用者がわずかでした。（２０２０年３月）

比較対象となります。試算の結果、羽田・那覇線の往復便利用が一番安く達成できる修行案となりました。行きと帰りの両方の搭乗便で低額な割引運賃が使えるスケジュールで合致したのが決め手です。300、000円を切る総額で実現できるのは有利な条件です。必要なポイント数獲得には、1往復分はより短距離で低額な運賃区間でも達成可能なので、羽田・伊丹線を使います。

搭乗回数：32回（羽田⇕那覇：15往復、羽田⇕伊丹：1往復）
総費用：額面344、100円　実質280、488円
開始：2021年5月22日　達成日：11月27日
一番早い出発便時刻：7：25発　一番遅い到着便時刻：22：25着

特記事項：羽田空港の到着時刻は日程によっては22：25着というスケジュールなので、終電の時間で当日中に帰宅できるエリアは限られます。詳しくは巻末資料編の主要空港の始発・終電一覧を参照下さい

(3) 名古屋発の修行

名古屋発ではJAL便の短距離路線には名古屋・東京便があります。ポ

◀羽田空港第2ターミナル搭乗セキュリティーゲート
時間帯によってほとんどの便が欠航してました。（2021年2月）

イント数が稼げる長距離路線では、名古屋・沖縄（那覇）線や名古屋・札幌便などありますが、運賃と便数の問題から名古屋・沖縄（那覇）線と名古屋・東京線が比較対象となります。試算の結果、名古屋・東京（羽田）線の往復利用一番安く達成できる試案となりました。これも行きと帰りの搭乗便のスケジュールが合致したのと、短距離路線だけでも最低確保しなくてはならないＦＯＰがＪＡＬカードキャンペーンで２０２１年度は５、０００ポイントのボーナスポイントがあり、実質１０、０００ポイント獲得で達成できる点が決め手です。

搭乗回数：50回（羽田⇔中部国際：25往復）
総費用：額面３８６、１００円、実質３６１、３０５円
開始：２０２１年5月22日　達成日：11月27日
一番早い出発便時刻：７：45発　一番遅い到着便時刻：20：10着

特記事項：中部国際空港の出発時刻は７：45、帰着時刻は20：10ですので名古屋近郊の各地からでも利用できるスケジュールです。詳しくは巻末資料編主要空港の始発・終電一覧を参照下さい

◀中部国際空港（セントレア）
年々拡充が進んでいる国際空港。

⑷大阪発の修行

大阪発では伊丹空港からのＪＡＬ便の短距離路線でマイル修行便として有名な伊丹・但馬線が毎日2往復あります。ポイント数が稼げる長距離路線では、関西空港から大阪（関西）・石垣線や大阪・沖縄（那覇）線や大阪・札幌線などありますが、運賃と便数を勘案して大阪・沖縄（那覇）線と大阪・札幌線が比較対象となります。試算の結果、伊丹・但馬線の50回搭乗ではＦＯＰ最低ポイントが不足します。そこで運賃が幾分高い特便1なら搭乗ポイントが４００ポイント付くので、最安運賃が使えない期間の12回分はこの特便1運賃で搭乗する修行案がより安く達成できる試案となりました。

搭乗回数：50回（伊丹⇕但馬線25往復）
総費用：額面３７１、７６０円、実質３５８、８７１円
開始日：２０２１年5月29日　達成日：11月27日
一番早い出発便時刻：８：55発　一番遅い到着便時刻17：30着
特記事項：回数併用でのＦＯＰ数がＪＡＬカードキャンペーンで２０２１年度は、実質１０、０００ポイントで達成できる点が本案の決め手です。マイル増量分をポイントに交換して航空運賃の充当に有効なＪＡＬカードツアーマイルプ

◀伊丹空港ＪＡＬカウンター
コロナ禍で閑散としています。（２０２０年9月）

レミアム」には、短距離路線なので本修行案では元が取れず加入は不要です。

(5)福岡発の修行

福岡発ではＪＡＬ便の短距離国内路線では、マイル修行便で有名な福岡・宮崎線があります。ポイント数が稼げる長距離路線には福岡・札幌便がありますが、運賃、便数、日帰り日程の問題から利用は難しく、福岡・沖縄（那覇）線や福岡・東京線等が比較対象となります。試算の結果、福岡・宮崎線の50回搭乗ではＦＯＰ最低ポイントが不足するので1回分は搭乗ポイント４００ＦＯＰを獲得できる特便割引運賃を使うことで、目標の１５、０００ポイントが確保できます。

搭乗回数：50回（福岡⇕宮崎線25往復）
総費用：額面２４８、０６０円　実質２３２、８２１円
開始：２０２１年5月22日　達成日：11月27日
一番早い出発便時刻：９：50発　一番遅い到着便時刻：21：30着
特記事項：高割引運賃利用のため、修行期間が夏前と秋季に分かれることになります。なお最安運賃が多く設定される始発便は７：10発で周辺地区の方

◀福岡空港デップダイナー
福岡空港の改装でゲート内の飲食施設も変わってきています。

は搭乗できないため、本修行案での搭乗対象便にはしていません。

(6)那覇発の修行

那覇発ではＪＡＬ便の短距離国内路線では、マイル修行で有名な那覇・久米島線があります。ポイント数が稼げる長距離路線には、那覇・東京線があり、この二つの路線利用が比較対象となります。試算の結果、那覇・久米島線の50回搭乗ではＦＯＰが足りない分の４回分は那覇・東京線でＦＯＰを増やし、さらに１回分は特便運賃にする修行案となります。総費用では今回一番安価なＪＧＣ修行案です。

搭乗回数：50回（那覇⇕久米島23往復、那覇⇕東京２往復）
総費用：額面２３６、１６０円　実質２２２、６００円
開始：２０２１年５月23日　達成日：10月24日
一番早い出発便時刻：７：40発　一番遅い到着便時刻：19：45着
特記事項：できるだけ安い運賃を使う為、修行の実施では夏季は中断します。

◀ゆいレール（那覇空港）
那覇市内から空港へのアクセスはこのモノレールで決まりです。

SFC修行の試案

ＡＮＡマイレージクラブ（ＡＭＣ）のＳＦＣ（スーパーフライヤーズカード）の入会資格獲得はＪＡＬのＪＧＣがポイントと搭乗回数（50回）が併用できる点と異なり、搭乗でのプレミアムポイントだけ（５０、０００ポイント以上、内ＡＮＡ便が２５、０００ポイント以上）になります。費用を安く達成する一番の関心点は、利用便の航空運賃に連動したプレミアムポイント単価（ＰＰ単価）です。今回当初の通年修行案試算の運賃は、割引率の高いスーパーバリュー75を基本にしました。また春季案は２０２１年３月22日時点で予約可能なスーパーバリュー運賃を基本にしました。搭乗便一覧と運賃の明細は巻末の資料編を参照下さい。

●２０２１年春プレミアムポイント２倍キャンペーン

２０２１年度のプレミアムポイント獲得はすでに２０２１年１月１日からスタートしていますが、ＡＭＣでは突如２０２１年２月26日に公式サイトで、ＡＭＣ会員向けに「２０２１年ボーナスプレミアムポイント」を発表しました。さらに本書校了直前の２０２１年３月22日には、公式サイトで「２０２１

●ポイント

①ＡＮＡ航空券直接購入の「ＡＮＡカードマイルプラス」やボーナスフライトマイルなどでメリット大のＡＮＡカードはＳＦＣ修行には必携のカード。

②２０２１年度限定の「ステイタスチャレンジ２０２１」は、３０、０００ポイントでＳＦＣ入会資格獲得が可能だが、ＡＮＡカード（１枚）年間利用額は６、０００、０００円以上が必須条件。

③ＡＮＡスーパーバリュー運賃は、同じタイプの運賃も都度需要状況で変動する方式を採用しており、最安運賃は特定しづらい。

年春プレミアムポイント2倍キャンペーン」を発表しました。この措置により、２０２1年度の「ＳＦＣマイル修行」には非常に有利な条件が整いました。この二つの施策内容の詳細は、前パートの該当欄（23頁）を参照下さい。

●ＡＮＡカードは必携のアイテム

ＡＮＡカードはＳＦＣ修行には必携のカードです。ＡＮＡカード会員は初回入会時のボーナスマイルと搭乗のたびにフライトボーナスマイルが獲得でき、一般カードの年会費が入会初年度は無料です。さらにＡＮＡ航空券の直接購入にＡＮＡカードを利用すると「ＡＮＡカードマイルプラス」の対象となり、通常のマイル交換対象のカードポイント以外に１００円につき1マイル加算され、一般カードでも２００円＝３マイル獲得できます。カードの選択では、ワイドカードは年会費（７，９７５円）が初年度から必要で入会ボーナスマイルも１，０００マイル増加し、搭乗時のボーナスマイルは一般カードの10％より15％多く、フライトマイルの25％です。ただＪＡＬカードのワイドタイプのＣＬＵＢ‐Ａには１００円＝１マイルの増量オプション料金が含まれていますが、ＡＮＡカードのワイドカードではＪＣＢブランドでは年会費５，５００円、ＶＩＳＡとマスターブランドでは６，６００円が必要です。こ

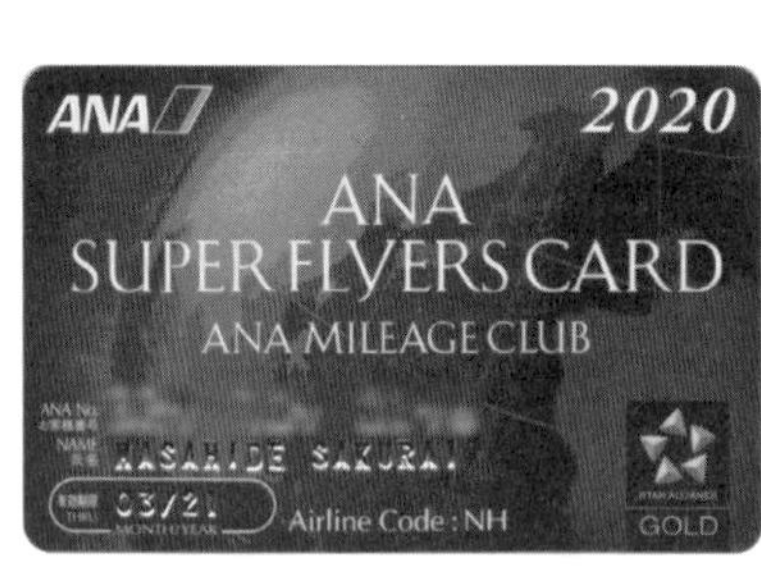

◀２０２０ ＡＮＡ ＳＵＰＥＲ ＦＬＹＥＲＳ ＣＡＲＤ マイル修行で入手可能です。

のワイドカード年会費を今回の修行で元をとるには、1マイル＝1.5円相当ANA SKYコインに換算して、7、975÷1.5＝5、317マイルがワイドカード増量分、フライトマイル総数（ANA一般カード会員）が5、317÷15％×1.1＝38、989マイルとなり、本修行案でこの条件に合致する案はなく、従って今回の修行案は一般カードを利用します。また10マイル移行手数料（5、500円）の元が取れる利用額では、100円に付き0.5マイルが増量されるので、1マイル＝1.5相当のANA SKYコインに換算して5、500÷0.5÷1.5＝733、334円となり、今回の修行案の運賃ではすべてこの運賃以下ですので、10マイルコースも加入不要としました。

●通期修行案と春季修行案を併記した事情

ANAは本書校了直前の2021年3月22日に急遽同日から実施の「2021年春プレミアムポイント2倍キャンペーン」をホームページで発表しました。本書を2021年6月上旬までに入手した方にはこのキャンペーンの応用が可能ですが、それ以後に初めて接した方や春季以降にマイル修行する方には、このキャンペーンをSFC修行に利用できません。反面このキャンペーン発表以前に試案した通期案は、搭乗時期を変えて暦年をフル

◀ANA VISA Suicaカード
SFC修行案にはANAカード利用は必須条件です。

に使い、好条件で資格獲得達成する修行を計画するには役に立つ修行案です。コロナの問題も不透明なので、今年は見送り翌年に実行する方の旅程作成のヒントにもなると考え、両案を併記しました。

●ANAでの割引運賃検索

今日の航空運賃は、距離に応じて運賃が高くなるような単純な運賃体系ではなくなりました。特に事前購入型の割引運賃の登場で、需要状況で運賃は大きく変動します。今回の修行に利用する割引運賃の検索ですが、JALの場合は利用日の搭乗便ごとにスーパー先得などの割引運賃の設定がWEBで閲覧でき、その日の最安便を330日先まで特定できます。しかしSFC修行で使用するANAスーパーバリュー運賃は、同じタイプの運賃も都度需要状況で変動する方式を採用しており、事前に利用日を設定しても搭乗便ごとの運賃設定を事前に調べることができないため、最安運賃は厳密には特定が不可能です。実際この執筆時の期間でも、最初に検索した時点と2週間後に再点検した時点では該当便の運賃が変わっていました。そのため本書での試算は計画時に筆者が逐一該当区間の搭乗日ごとにトライ&エラーの方法でネット検索して調べたものであり、この案が最安費用とは限らない点をお断りしてお

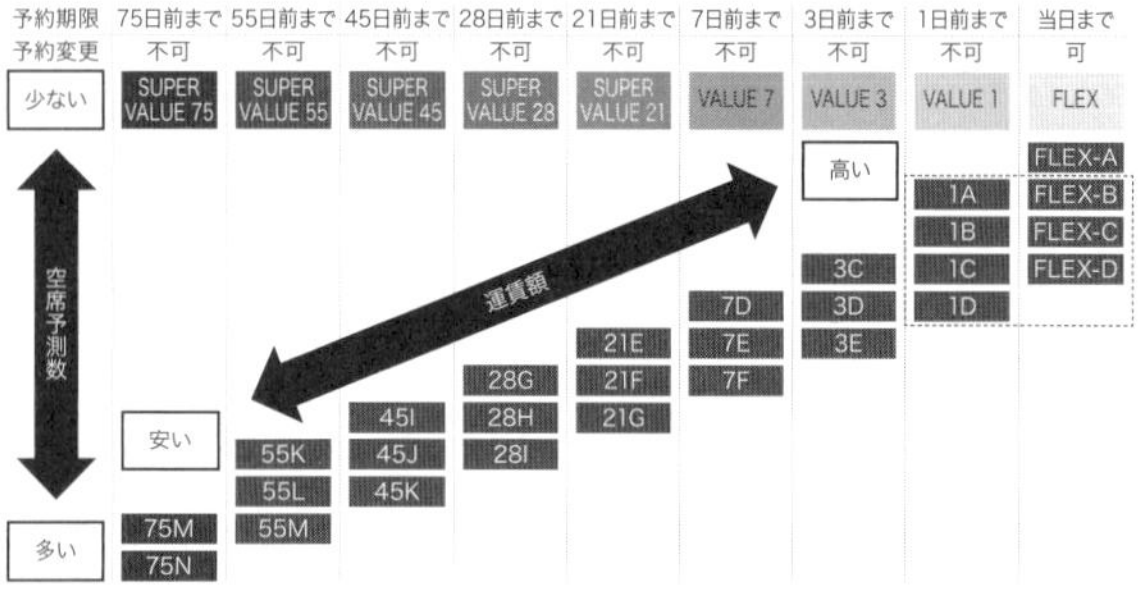

予約期限	75日前まで	55日前まで	45日前まで	28日前まで	21日前まで	7日前まで	3日前まで	1日前まで	当日まで
予約変更	不可	不可	不可	不可	不可	不可	不可	不可	可
少ない	SUPER VALUE 75	SUPER VALUE 55	SUPER VALUE 45	SUPER VALUE 28	SUPER VALUE 21	VALUE 7	VALUE 3	VALUE 1	FLEX
	75M	55K	45I	28G	21E	7D	3C	1A	FLEX-A
	75N	55L	45J	28H	21F	7E	3D	1B	FLEX-B
		55M	45K	28I	21G	7F	3E	1C	FLEX-C
多い								1D	FLEX-D

◀**ANAスーパーバリュー運賃概念図** ANAスーパーバリュー 運賃は空席予測に連動した運賃で、空席予測数は日々変動するため、予約のタイミングで購入可能な運賃額が異なる場合がある。

きます。おそらく読者の皆様も実際の修行案を計画する場合も同じ問題に直面するはずです。区間マイル数の多い順に目星を付けた路線を、搭乗日や搭乗便を変えて、根気強く、その時点での最安運賃の組み合わせを探して下さい。

●札幌発の修行

札幌発のANA国内路線では札幌・沖縄線が最長ですが、2021年5月の週末日程は本書執筆時点で運休中です。次に距離のある札幌・福岡線は一日一往復しかなく、現行スケジュールでは同日内で往復ができず、前提条件に合致しません。そこで大阪（伊丹・関空・神戸）線、名古屋（中部国際）東京（羽田・成田）線を中心に比較検討します。日程と運賃を試算の結果、通期修行案では札幌・名古屋線と札幌・大阪線を組み合わせる案を採用しました。春季修行案は札幌・名古屋で一部スーパーバリュー55運賃で往復することにしました。

（通期案）

結果：50回搭乗（新千歳⇔中部国際　16往復、新千歳⇔関西　9往復）
開始日：2021年5月22日　達成日：11月3日
総費用：額面397、800円　実質351、472円

札幌発ANA便のスーパーバリュー75でのPP数

行先	区間マイル	PP数
沖縄（那覇）	1,397	2,095
福岡	882	1,323
大阪	666	999
名古屋	614	921
東京	510	765

PP：プレミアムポイント

一番早い出発便出発時刻：8：40発　一番遅い帰着便到着時刻：21：15着

（春季案）

結果：26回搭乗（新千歳⇕中部国際　13往復）

開始日：2021年5月15日　達成日：6月27日

総費用：額面188,660円　実質164,612円

一番早い出発便出発時刻：8：40発　一番遅い帰着便到着時刻：20：30着

特記事項：新千歳空港の出発時刻は全て8時以降とし、最終帰着時刻も21：15というスケジュールなので、札幌圏以外に、旭川、室蘭、帯広などからも利用できるプランです。詳しくは巻末資料編を参照下さい。

●東京発の修行

東京からのANA国内路線では羽田・石垣線が最長ですが、便数が少なく高割引率の運賃設定日が少ないので、日程と運賃の面から東京・沖縄（那覇）線も併せて比較しました。日程と運賃を試算の結果、PP単価で好条件な沖縄（那覇）線で安い運賃設定がある日程案を通期案と春季案とも採用しました。

（通期案）

結果：32回搭乗（羽田⇕沖縄（那覇）　16往復）

東京発ANA便のスーパーバリュー75でのPP数

行先	区間マイル	PP数
石垣	1,224	1,836
宮古	1,158	1,737
沖縄（那覇）	984	1,476
鹿児島	601	901

PP：プレミアムポイント

開始日：2021年5月22日　達成日：10月10日
総費用：額面349,520円　実質297,239円
一番早い出発便出発時刻：15：30発　一番遅い帰着便到着時刻：22：30着

(春季案)

結果：16回搭乗（羽田⇕那覇　8往復）
開始日：2021年5月29日　達成日：6月6日
総費用：額面174,760円　実質147,870円
一番早い出発便出発時刻：15：30 発　一番遅い帰着便到着時刻：22：30着
特記事項：首都圏での主な地域への終電で間に合うように、22：30以前の到着便を選択してあります。

●名古屋発の修行

名古屋発のANA国内路線では名古屋・石垣線が最長ですが、便数が少ないのと割引率の良い運賃設定日が少なく、これ以外に日程と運賃の面から、名古屋・沖縄（那覇）線、名古屋・札幌線も併せて比較します。日程と運賃を試算の結果、PP単価で好条件な名古屋・札幌線で安い運賃設定がある日程を選び、一部日程によってはPP単価が高い割引運賃

名古屋発ANA便のスーパーバリュー75でのPP数

行先	区間マイル	PP数
石垣	1,044	1,566
宮古	979	1,468
沖縄(那覇)	809	1,213
札幌	614	921

PP:プレミアムポイント

の設定のある名古屋・石垣線を加えてより安価に達成できる案を通期案で採用しました。また春季案は名古屋・札幌戦のみでの日程案です。

(通期案)

結果：50回搭乗（中部⇕札幌（新千歳）17往復、中部⇕石垣1往復）
開始日：2021年5月23日　達成日：10月30日
総費用：額面455,660円　実質400,351円
一番早い出発便出発時刻：9：35発　一番遅い帰着便到着時刻：21：30着

(春季案)

結果：26回搭乗（中部⇕札幌（新千歳）13往復）
開始日：2021年6月5日　達成日：6月27日
総費用：額面218,660円　実質198,598円
一番早い出発便出発時刻：9：35発　一番遅い帰着便到着時刻：21：30着
特記事項：中京圏の主な地域への終電で間に合うように、到着21：30の便を選択してあります。同じ日に2往復（4回）搭乗の日があります。

●大阪発の修行

大阪地区では伊丹空港、関西空港、神戸空港にANA便が就航しており、

本修行案では、条件次第で三つの空港を使い分けることになります。旅程は搭乗空港に帰着する往復便を基本に考えます。大阪発のANA国内路線では大阪・石垣線が最長ですが、便数が少ないのと高割引率の運賃設定日が少なく、日程と運賃の面から大阪・沖縄(那覇)線、大阪・札幌線も併せて比較します。日程と運賃を試算の結果、通期案ではPP単価で好条件な神戸空港発の大阪・沖縄(那覇)線で高割引率の運賃設定がある日程を選び、一部日程によってはPP単価が高い割引運賃の設定のある関西空港発の大阪・石垣線を加え、安価に達成できる案を採用しました。春季案は2021年3月22日時点で予約可能な最安運賃を採用した旅程案です。

(通期案)

結果:40回搭乗(神戸⇕沖縄(那覇)16往復、関西⇕石垣4往復)
開始日:2021年5月22日　達成日:10月30日
総費用:額面415,060円　実質371,275円
一番早い出発便出発時刻:8:00発　一番遅い帰着便到着時刻:22:00着

(春季案)

結果:18回搭乗(関西⇕石垣6往復、神戸⇕沖縄(那覇)3往復)
開始日:2021年5月22日　達成日:6月19日

大阪発ANA便のスーパーバリュー75でのPP数

行先	区間マイル	PP数
石垣	969	1,453
宮古	906	1,359
沖縄(那覇)	739	1,108
札幌	666	999

PP:プレミアムポイント

総費用：額面258,800円　実質229,472円
一番早い出発便出発時刻：9：00発　一番遅い帰着便到着時刻：22：00着
特記事項：近畿圏の主な地域への終電に間に合うように、到着22：00以前の便を選択してあります。搭乗日によって利用空港が関西空港か神戸空港かに変わりますが、自家用車でのアクセスも考え同一日の発着は同じ空港にしてあります。

●福岡発の修行

福岡発のANA国内路線では福岡・札幌線が最長ですが、便数が少ないのと高割引率の運賃設定日は秋季に集中しており、これ以外に日程と運賃の面から福岡・石垣線、福岡・沖縄（那覇）線も併せて比較します。日程と運賃を試算の結果、PP単価では福岡・石垣線、福岡・沖縄線では札幌線以上に好条件な運賃設定がある週末日程を見つけることができませんでした。通期案ではPP単価が高い割引運賃の設定のある11月28日以前の休日の中から安価に達成できる案を採用しました。春季案は福岡・札幌線を2021年3月22日時点で予約可能な最安運賃（土・日）を採用した旅程です。

（通期案）
結果：36回搭乗（福岡⇕札幌（新千歳）18往復）

福岡発ANA便のスーパーバリュー75でのPP数

行先	区間マイル	PP数
札幌	882	1,323
石垣	737	1,105
東京	567	850
沖縄(那覇)	537	805

PP：プレミアムポイント

開始日：2021年6月12日　達成日：11月28日
総費用：額面466,860円　実質413,466円
一番早い出発便出発時刻：8：20発　一番遅い帰着便到着時刻：19：55着

〈春季案〉
結果：18回搭乗（福岡⇔札幌（新千歳）9往復）
開始日：2021年5月30日　達成日：6月27日
総費用：額面271,040円　実質242,036円
一番早い出発便出発時刻：8：20発　一番遅い帰着便到着時刻：19：55着
特記事項：福岡圏とその近郊の主な地域（北九州、久留米、筑豊、佐賀等）から公共交通機関を利用するには問題のない時間帯で利用できます。

●那覇発の修行

那覇発のANA国内路線では沖縄（那覇）・札幌線が最長ですが、同日中に往復できる運航スケジュールではなく本修行の対象にはできません。便数やスケジュールなどを考慮すると、沖縄（那覇）・東京線が最も本修行の条件に合い、高率割引運賃が往復とも使える日程が組めることが判明しましたので、通期案と春季案の両方での案に採用しました。

沖縄(那覇)発ANA便のスーパーバリュー75でのPP数

行先	区間マイル	PP数
札幌	1,397	2,095
東京	984	1,476
名古屋	809	1,213
大阪	739	1,108

PP：プレミアムポイント

（通期案）

結果：32回搭乗（沖縄（那覇）⇕東京（羽田）16往復）

開始日：２０２１年6月6日　達成日：9月11日

総費用：額面２９４、７２０円　実質２４４、２７１円

一番早い出発便出発時刻：９：55発　一番遅い帰着便到着時刻：18：20着

（春季案）

結果：16回搭乗（沖縄（那覇）⇕羽田8往復）

開始日：２０２１年6月5日　達成日：6月27日

総費用：額面１６３、１６０円　実質１３８、３８６円

一番早い出発便出発時刻：10：00発　一番遅い帰便到着時刻：18：20着

特記事項：羽田・那覇間の最安運賃（9、２１０円、ＰＰ単価で6・24円）が日帰り往復で使える日程が多くあり、本案は今回のＳＦＣ修行案では通期案と春季案のいずれでも一番安価で達成可能です。同じ便の組み合わせですが、通期案では出発時刻と到着時刻が各5分異なる日がある点に注意して下さい。

PART Ⅶ データ資料

(1) ＪＧＣ修行案データ

本データは「ＪＧＣ修行の試算」に使った主要空港発の修行案の明細です。データはＪＡＬホームページの航空券予約機能を使用して算出したものです。検索時期は２０２１年２月７日～12日を基準にしてあります。

(2) ＳＦＣ修行案データ

本データは「ＳＦＣ修行の試算」に使った主要空港発の修行案の明細です。データはＡＮＡホームページの航空券予約機能を使用して算出したものです。検索時期は通期修行案２０２１年２月７日～12日を基準に、春季案は２０２１年３月22日を基準にしてあります。

(3) マイル修行利用空港の主要地区間の始発＆終電一覧

本書でのマイル修行に利用する各空港と主要近隣地区間の公共交通の始発と終電データです。本データは無料で利用できるネット検索（ジョルダン）を２０２１年２月７日～12日の期間に、２０２１年５月22日を基準に作成しました。

（おことわり）

①航空運賃に関しては、需給関係から価格の変更の可能性があります。
②航空便の運航時刻や就航状況は今後変わる可能性があります。
③公共交通各社の運行スケジュールは今後変わる可能性があります。

運賃	往復運賃	FM	CM	M合計	累計M	FOP	累計FOP	注記
9,980	19,960	2,096	5,198	7,294	7,294	7,648	7,648	*A,*B
9,980	19,960	2,096	398	2,494	9,788	2,648	10,296	
9,980	19,960	2,096	398	2,494	12,282	2,648	12,944	
9,980	19,960	2,096	398	2,494	14,776	2,648	15,592	
9,980	19,960	2,096	398	2,494	17,270	2,648	18,240	
9,980	19,960	2,096	398	2,494	19,764	2,648	20,888	
9,980	19,960	2,096	398	2,494	22,258	2,648	23,536	
9,980	19,960	2,096	398	2,494	24,752	2,648	26,184	
9,980	19,960	2,096	398	2,494	27,246	2,648	28,832	
9,980	19,960	2,096	398	2,494	29,740	2,648	31,480	*D
10,180	20,360	2,492	406	2,898	32,638	2,648	34,128	
10,180	20,360	2,492	406	2,898	35,536	2,648	36,776	
10,180	20,360	2,492	406	2,898	38,434	2,648	39,424	
10,180	20,360	2,492	406	2,898	41,332	2,648	42,072	
10,180	20,360	2,492	406	2,898	44,230	2,648	44,720	
10,180	20,360	2,492	406	2,898	47,128	2,648	47,368	
10,180	20,360	2,492	406	2,898	50,026	2,648	50,016	
	342,520							
	13,200							
	75,039							
	280,681							

注記:
*A:JALカード初回搭乗ボーナスFOP:5,000
*B:JALカード入会ボーナス5000マイル
*D:クリスタル会員獲得

札幌発JGC修行案

回数	日付	曜日	行先	便名	出発	到着	運賃	行先	便名	出発	到着
2	5月22日	土	福岡	JAL3510	11:00	13:30	9,980	新千歳	JAL3515	14:30	16:45
4	5月23日	日	福岡	JAL3510	11:00	13:30	9,980	新千歳	JAL3515	14:30	16:45
6	5月29日	土	福岡	JAL3510	11:00	13:30	9,980	新千歳	JAL3515	14:30	16:45
8	5月30日	日	福岡	JAL3510	11:00	13:30	9,980	新千歳	JAL3515	14:30	16:45
10	6月5日	土	福岡	JAL3510	11:00	13:30	9,980	新千歳	JAL3515	14:30	16:45
12	6月6日	日	福岡	JAL3510	11:00	13:30	9,980	新千歳	JAL3515	14:30	16:45
14	6月12日	土	福岡	JAL3510	11:00	13:30	9,980	新千歳	JAL3515	14:30	16:45
16	6月13日	日	福岡	JAL3510	11:00	13:30	9,980	新千歳	JAL3515	14:30	16:45
18	6月19日	土	福岡	JAL3510	11:00	13:30	9,980	新千歳	JAL3515	14:30	16:45
20	6月26日	土	福岡	JAL3510	11:00	13:30	9,980	新千歳	JAL3515	14:30	16:45
22	11月3日	(水)	福岡	JAL3510	11:00	13:35	10,180	新千歳	JAL3515	14:30	16:40
24	11月6日	土	福岡	JAL3510	11:00	13:35	10,180	新千歳	JAL3515	14:30	16:40
26	11月7日	日	福岡	JAL3510	11:00	13:35	10,180	新千歳	JAL3515	14:30	16:40
28	11月13日	土	福岡	JAL3510	11:00	13:35	10,180	新千歳	JAL3515	14:30	16:40
30	11月21日	日	福岡	JAL3510	11:00	13:35	10,180	新千歳	JAL3515	14:30	16:40
32	11月27日	土	福岡	JAL3510	11:00	13:35	10,180	新千歳	JAL3515	14:30	16:40
34	11月28日	日	福岡	JAL3510	11:00	13:35	10,180	新千歳	JAL3515	14:30	16:40

航空運賃支払総予算額
JALカードCLUB-A+ツアーマイルプレミアム年会費
マイル交換でeJALポイント使用分
実質航空運賃支払額

略称:
FM:フライトマイル
CM:カード支払いマイル+入会マイル
M:マイル
FOP:FLY ONポイント

運賃	往復運賃	FM	CM	M合計	累計M	FOP	累計FOP	注記
12,210	21,420	2,338	5,428	7,766	7,766	7,952	7,952	*A,*B
14,210	23,420	2,338	468	2,806	10,572	2,952	10,904	
12,210	21,420	2,338	428	2,766	13,338	2,952	13,856	
9,810	23,020	2,338	460	2,798	16,136	2,952	16,808	
12,210	21,420	2,338	428	2,766	18,902	2,952	19,760	
9,810	23,020	2,338	460	2,798	21,700	2,952	22,712	
12,210	21,420	2,338	428	2,766	24,466	2,952	25,664	
9,810	23,020	2,338	372	2,710	27,176	2,952	28,616	
8,650	18,200	666	364	1,030	28,206	840	29,456	
15,810	25,020	2,338	500	2,838	31,044	2,952	32,408	*D
9,610	18,920	2,952	378	3,330	34,374	2,952	35,360	
9,610	18,920	2,952	378	3,330	37,704	2,952	38,312	
14,210	23,520	2,952	470	3,422	41,126	2,952	41,264	
9,610	18,920	2,952	378	3,330	44,456	2,952	44,216	C
14,210	23,520	2,952	470	3,422	47,878	2,952	47,168	
9,610	18,920	2,952	378	3,330	51,208	2,952	50,120	
	344,100							
	13,200							
	76,812							
	280,488							

注記:
*A:JALカード初回搭乗ボーナスFOP:5,000
*B:JALカード入会ボーナス5000マイル
*D:クリスタル会員獲得

東京発JGC修行案

回数	日付	曜日	行先	便名	出発	到着	運賃	行先	便名	出発	到着
2	5月22日	土	那覇	JAL921	15:55	18:35	9,210	羽田	JAL920	19:50	22:10
4	5月23日	日	那覇	JAL921	15:55	18:35	9,210	羽田	JAL920	19:50	22:10
6	5月29日	土	那覇	JAL921	15:55	18:35	9,210	羽田	JAL920	19:50	22:10
8	5月30日	日	那覇	JAL903	7:30	10:15	13,210	羽田	JAL904	11:15	13:40
10	6月5日	土	那覇	JAL921	15:55	18:35	9,210	羽田	JAL920	19:50	22:10
12	6月6日	日	那覇	JAL903	7:30	10:15	13,210	羽田	JAL904	11:15	13:40
14	6月12日	土	那覇	JAL921	15:55	18:35	9,210	羽田	JAL920	19:50	22:10
16	6月13日	日	那覇	JAL903	7:30	10:15	13,210	羽田	JAL904	11:15	13:40
18	6月19日	日	伊丹	JAL103	7:25	8:35	9,550	羽田	JAL110	9:30	10:35
20	10月30日	土	那覇	JAL921	15:55	18:35	9,210	羽田	JAL920	19:50	22:10
22	11月3日	土	那覇	JAL921	16:05	18:50	9,310	羽田	JAL920	20:15	22:25
24	11月6日	土	那覇	JAL921	16:05	18:50	9,310	羽田	JAL920	20:15	22:25
26	11月7日	日	那覇	JAL921	16:05	18:50	9,310	羽田	JAL920	20:15	22:25
28	11月13日	土	那覇	JAL921	16:05	18:50	9,310	羽田	JAL920	20:15	22:25
30	11月14日	日	那覇	JAL921	16:05	18:50	9,310	羽田	JAL920	20:15	22:25
32	11月27日	土	那覇	JAL921	16:05	18:50	9,310	羽田	JAL920	20:15	22:25

航空運賃支払総予算額
JALカードCLUB-A+ツアーマイルプレミアム年会費
マイル交換でeJALポイント使用分
実質航空運賃支払額

略称：

FM:フライトマイル
CM：カード支払いマイル+入会マイル
M:マイル
FOP:FLY ONポイント

運賃	往復運賃	FM	CM	M合計	累計M	FOP	累計FOP	注記
7,730	15,460	458	5,616	6,074	6,074	5,580	5,580	*A,*B
7,730	15,460	458	308	766	6,840	580	6,160	
7,730	15,460	458	308	766	7,606	580	6,740	
7,730	15,460	458	308	766	8,372	580	7,320	
7,730	15,460	458	308	766	9,138	580	7,900	
7,730	15,460	458	308	766	9,904	580	8,480	
7,730	15,460	458	308	766	10,670	580	9,060	
7,730	15,460	458	308	766	11,436	580	9,640	
7,730	15,460	458	308	766	12,202	580	10,220	
7,730	15,460	458	308	766	12,968	580	10,800	
7,730	15,460	458	308	766	13,734	580	11,380	
7,730	15,460	458	308	766	14,500	580	11,960	
7,730	15,460	458	308	766	15,266	580	12,540	
7,730	15,460	458	308	766	16,032	580	13,120	
7,730	15,460	458	308	766	16,798	580	13,700	*D
7,730	15,460	546	308	854	17,652	580	14,280	
7,730	15,460	546	308	854	18,506	580	14,860	
7,730	15,460	546	308	854	19,360	580	15,440	
7,730	15,460	546	308	854	20,214	580	16,020	
7,730	15,460	546	308	854	21,068	580	16,600	
7,730	15,460	546	308	854	21,922	580	17,180	
7,730	15,460	546	308	854	22,776	580	17,760	
7,730	15,460	546	308	854	23,630	580	18,340	
7,730	15,460	546	308	854	24,484	580	18,920	
7,530	15,060	546	300	846	25,330	580	19,500	
	386,100							
	13,200							
	37,995							
	361,305							

注記:

*A:JALカード初回搭乗ボーナスFOP:5,000
*B:JALカード入会ボーナス5000マイル
*D:クリスタル会員獲得

名古屋発JGC修行案

回数	日付	曜日	行先	便名	出発	到着	運賃	行先	便名	出発	到着
2	5月22日	土	羽田	JAL200	7:50	8:50	7,730	中部	JAL209	19:10	20:10
4	5月23日	日	羽田	JAL200	7:50	8:50	7,730	中部	JAL209	19:10	20:10
6	5月29日	土	羽田	JAL200	7:50	8:50	7,730	中部	JAL209	19:10	20:10
8	5月30日	日	羽田	JAL200	7:50	8:50	7,730	中部	JAL209	19:10	20:10
10	6月5日	土	羽田	JAL200	7:50	8:50	7,730	中部	JAL209	19:10	20:10
12	6月6日	日	羽田	JAL200	7:50	8:50	7,730	中部	JAL209	19:10	20:10
14	6月12日	土	羽田	JAL200	7:50	8:50	7,730	中部	JAL209	19:10	20:10
16	6月13日	日	羽田	JAL200	7:50	8:50	7,730	中部	JAL209	19:10	20:10
18	6月19日	土	羽田	JAL200	7:50	8:50	7,730	中部	JAL209	19:10	20:10
20	6月20日	日	羽田	JAL200	7:50	8:50	7,730	中部	JAL209	19:10	20:10
22	6月26日	土	羽田	JAL200	7:50	8:50	7,730	中部	JAL209	19:10	20:10
24	6月27日	日	羽田	JAL200	7:50	8:50	7,730	中部	JAL209	19:10	20:10
26	9月11日	土	羽田	JAL200	7:50	8:50	7,730	中部	JAL209	19:10	20:10
28	9月12日	日	羽田	JAL200	7:50	8:50	7,730	中部	JAL209	19:10	20:10
30	10月2日	土	羽田	JAL200	7:50	8:50	7,730	中部	JAL209	19:10	20:10
32	10月3日	日	羽田	JAL200	7:50	8:50	7,730	中部	JAL209	19:10	20:10
34	10月9日	土	羽田	JAL200	7:50	8:50	7,730	中部	JAL209	19:10	20:10
36	10月10日	土	羽田	JAL200	7:50	8:50	7,730	中部	JAL209	19:10	20:10
38	10月16日	日	羽田	JAL200	7:50	8:50	7,730	中部	JAL209	19:10	20:10
40	10月17日	日	羽田	JAL200	7:45	8:50	7,730	中部	JAL209	19:10	20:10
42	10月23日	土	羽田	JAL200	7:45	8:50	7,730	中部	JAL209	19:10	20:10
44	10月24日	日	羽田	JAL200	7:45	8:50	7,730	中部	JAL209	19:10	20:10
46	10月30日	土	羽田	JAL200	7:45	8:50	7,730	中部	JAL209	19:10	20:10
48	10月31日	日	羽田	JAL200	7:45	8:50	7,730	中部	JAL209	19:10	20:10
50	11月3日	(水)	羽田	JAL200	7:45	8:50	7,530	中部	JAL209	19:10	20:10

航空運賃支払総予算額
JALカードCLUB-A＋ツアーマイルプレミアム年会費
マイル交換でeJALポイント使用分
実質航空運賃支払額

略称：
FM:フライトマイル
CM:カード支払いマイル＋入会マイル
M:マイル
FOP:FLY ONポイント

運賃	往復運賃	FM	CM	M合計	累計M	FOP	累計FOP	注記
6,960	14,420	128	5,288	5,416	5,416	5,204	5,204	*A,*B
6,960	14,420	128	288	416	5,832	204	5,408	
7,460	14,400	128	288	416	6,248	204	5,612	
6,960	14,420	128	288	416	6,664	204	5,816	
7,460	14,420	128	288	416	7,080	204	6,020	
6,960	14,420	128	288	416	7,496	204	6,224	
8,540	15,500	128	310	438	7,934	604	6,828	
8,560	17,120	128	342	470	8,404	1,004	7,832	帰路特便1運賃
8,560	17,120	128	342	470	8,874	1,004	8,836	特便1運賃
8,560	17,120	128	342	470	9,344	1,004	9,840	特便1運賃
8,560	17,120	128	342	470	9,814	1,004	10,844	特便1運賃
8,560	17,120	128	342	470	10,284	1,004	11,848	特便1運賃
8,560	17,120	128	342	470	10,754	1,004	12,852	特便1運賃
6,960	13,920	128	278	406	11,160	204	13,056	
6,960	13,920	128	278	406	11,566	204	13,260	*D
6,960	13,920	158	278	436	12,002	204	13,464	
6,960	13,920	158	278	436	12,438	204	13,668	
6,960	13,920	158	278	436	12,874	204	13,872	
6,960	13,920	158	278	436	13,310	204	14,076	
6,960	13,920	158	278	436	13,746	204	14,280	
6,960	13,920	158	278	436	14,182	204	14,484	
6,960	13,920	158	278	436	14,618	204	14,688	
6,960	13,920	158	278	436	15,054	204	14,892	
6,960	13,920	158	278	436	15,490	204	15,096	
6,960	13,920	158	278	436	15,926	204	15,300	
	371,760							
	11,000							
	23,889							
	358,871							

注記:
*A:JALカード初回搭乗ボーナスFOP:5,000
*B:JALカード入会ボーナス5000マイル
*D:クリスタル会員獲得

大阪(伊丹)発JGC修行案

回数	日付	曜日	行先	便名	出発	到着	運賃	行先	便名	出発	到着
2	5月29日	土	但馬	JAL2325	16:55	17:30	7,460	伊丹	JAL2326	18:00	18:35
4	6月5日	土	但馬	JAL2325	16:55	17:30	7,460	伊丹	JAL2326	18:00	18:35
6	6月6日	日	但馬	JAL2321	8:50	9:25	6,940	伊丹	JAL2322	9:55	10:30
8	6月12日	土	但馬	JAL2325	16:55	17:30	7,460	伊丹	JAL2323	18:00	18:35
10	6月13日	日	但馬	JAL2321	8:55	9:30	6,960	伊丹	JAL2322	10:00	10:35
12	6月19日	土	但馬	JAL2325	16:55	17:30	7,460	伊丹	JAL2326	18:00	18:35
14	6月20日	日	但馬	JAL2321	8:55	9:30	6,960	伊丹	JAL2322*	10:00	10:35
16	6月26日	土	但馬	JAL2321*	8:55	9:30	8,560	伊丹	JAL2322*	10:00	10:35
18			但馬	JAL2325*	16:55	17:30	8,560	伊丹	JAL2326*	18:00	18:35
20	6月27日	日	但馬	JAL2321*	8:55	9:30	8,560	伊丹	JAL2322*	10:00	10:35
22			但馬	JAL2325*	16:55	17:30	8,560	伊丹	JAL2326*	18:00	18:35
24	7月3日	土	但馬	JAL2321*	8:55	9:30	8,560	伊丹	JAL2322*	10:00	10:35
26			但馬	JAL2325*	16:55	17:30	8,560	伊丹	JAL2326*	18:00	18:35
28	11月3日	日	但馬	JAL2321	8:55	9:30	6,960	伊丹	JAL2322	10:00	10:35
30			但馬	JAL2325	16:55	17:30	6,960	伊丹	JAL2326	18:00	18:35
32	11月6日	土	但馬	JAL2321	8:50	9:25	6,960	伊丹	JAL2322	9:55	10:30
34			但馬	JAL2325	16:55	17:30	6,960	伊丹	JAL2326	18:00	18:35
36	11月7日	日	但馬	JAL2321	8:55	9:30	6,960	伊丹	JAL2322	10:00	10:35
38			但馬	JAL2325	16:55	17:30	6,960	伊丹	JAL2326	18:00	18:35
40	11月13日	土	但馬	JAL2321	8:55	9:30	6,960	伊丹	JAL2322	10:00	10:35
42			但馬	JAL2325	16:55	17:30	6,960	伊丹	JAL2326	18:00	18:35
44	11月14日	日	但馬	JAL2321	8:55	9:30	6,960	伊丹	JAL2322	10:00	10:35
46			但馬	JAL2325	16:55	17:30	6,960	伊丹	JAL2326	18:00	18:35
48	11月27日	土	但馬	JAL2321	8:55	9:30	6,960	伊丹	JAL2322	10:00	10:35
50			但馬	JAL2325	16:55	17:30	6,960	伊丹	JAL2326	18:00	18:35

航空運賃支払総予算額
JALカードCLUB-A入会初年度
マイル交換でeJALポイント使用分
実質航空運賃支払額

略称:

FM:フライトマイル
CM:カード支払いマイル+入会マイル
M:マイル
FOP:FLY ONポイント

運賃	往復運賃	FM	CM	M合計	累計M	FOP	累計FOP	注記
5,810	11,020	282	1,110	1,392	1,392	392	5,392	*A,*B
5,810	11,320	282	110	392	1,784	392	5,784	
5,210	10,420	282	104	386	2,170	392	6,176	
5,810	11,020	282	110	392	2,562	392	6,568	
8,710	14,220	282	142	424	2,986	792	7,360	帰路特便1運賃
5,210	10,420	282	104	386	3,372	392	7,752	
5,810	11,020	282	110	392	3,764	392	8,144	
5,210	10,420	282	104	386	4,150	392	8,536	
5,810	11,020	282	110	392	4,542	392	8,928	
5,210	10,420	282	104	386	4,928	392	9,320	
5,810	11,020	282	110	392	5,320	392	9,712	
5,210	10,420	282	104	386	5,706	392	10,104	
5,810	11,020	282	110	392	6,098	392	10,496	
5,210	10,420	282	104	386	6,484	392	10,888	
5,210	10,420	282	104	386	6,870	392	11,280	*D
5,210	10,420	370	104	474	7,344	392	11,672	
5,210	10,420	370	104	474	7,818	392	12,064	
5,810	11,020	370	110	480	8,298	392	12,456	
5,810	11,020	370	110	480	8,778	392	12,848	
5,810	11,020	370	110	480	9,258	392	13,240	
5,810	11,020	370	110	480	9,738	392	13,632	
5,110	10,220	370	102	472	10,210	392	14,024	
5,110	10,220	370	102	472	10,682	392	14,416	
5,110	10,220	370	102	472	11,154	392	14,808	*C
5,110	10,220	370	102	472	11,626	860	15,200	
	248,060							
	2,200							
	17,439							
	232,821							

注記：
*A:JALカード初回搭乗ボーナスFOP:5,000
*B:JALカード入会ボーナス5000マイル
*D:クリスタル会員獲得

福岡発JGC修行案

回数	日付	曜日	行先	便名	出発	到着	運賃	行先	便名	出発	到着
2	5月22日	土	宮崎	JAL3631	13:20	14:05	5,210	福岡	JAL3632	14:35	15:25
4			宮崎	JAL3639	19:20	20:05	5,510	福岡	JAL3642	20:35	21:30
6	5月23日	日	宮崎	JAL3629	12:35	13:20	5,210	福岡	JAL3630	13:50	14:40
8	5月29日	土	宮崎	JAL3631	13:20	14:05	5,210	福岡	JAL3632	14:35	15:25
10			宮崎	JAL3639	19:20	20:05	5,510	福岡	JAL3642*	20:35	21:30
12	5月30日	日	宮崎	JAL3629	12:35	13:20	5,210	福岡	JAL3630	13:50	14:40
14	6月5日	土	宮崎	JAL3631	13:20	14:05	5,210	福岡	JAL3632	14:35	15:25
16	6月6日	日	宮崎	JAL3625	9:50	10:35	5,210	福岡	JAL3630	13:50	14:40
18	6月12日	土	宮崎	JAL3631	13:20	14:05	5,210	福岡	JAL3632	14:35	15:25
20	6月13日	日	宮崎	JAL3625	9:50	10:35	5,210	福岡	JAL3630	13:50	14:40
22	6月19日	土	宮崎	JAL3631	13:20	14:05	5,210	福岡	JAL3632	14:35	15:25
24	6月20日	日	宮崎	JAL3625	9:50	10:35	5,210	福岡	JAL3630	13:50	14:40
26	6月26日	土	宮崎	JAL3631	13:20	14:05	5,210	福岡	JAL3632	14:35	15:25
28	6月27日	日	宮崎	JAL3625	9:50	10:35	5,210	福岡	JAL3630	13:50	14:40
30	7月4日	日	宮崎	JAL3629	12:35	13:20	5,210	福岡	JAL3630	13:50	14:40
32	7月11日	日	宮崎	JAL3629	12:35	13:20	5,210	福岡	JAL3630	13:50	14:40
34	7月18日	日	宮崎	JAL3629	12:35	13:20	5,210	福岡	JAL3630	13:50	14:40
36	9月4日	土	宮崎	JAL3631	13:20	14:05	5,210	福岡	JAL3632	14:35	15:25
38			宮崎	JAL3639	19:20	20:05	5,210	福岡	JAL3642	20:35	21:30
40	9月11日	土	宮崎	JAL3631	13:20	14:05	5,210	福岡	JAL3632	14:35	15:25
42			宮崎	JAL3639	19:20	20:05	5,210	福岡	JAL3642	20:35	21:30
44	11月3日	(水)	宮崎	JAL3625	9:50	10:35	5,110	福岡	JAL3626	13:50	14:40
46			宮崎	JAL3629	12:35	13:20	5,110	福岡	JAL3630	13:50	14:45
48			宮崎	JAL3633	15:20	16:05	5,110	福岡	JAL3634	16:40	17:35
50			宮崎	JAL3639	19:25	20:05	5,110	福岡	JAL3642	20:35	21:30

略称:
FM:フライトマイル
CM:カード支払いマイル+入会マイル
M:マイル
FOP:FLY ONポイント

航空運賃支払総予算額
JALカード(普通)+ツアーマイルプレミアム年会費
マイル交換でeJALポイント使用分
実質航空運賃支払額

運賃	往復運賃	FM	CM	M合計	累計M	FOP	累計FOP	注記
4,120	8,240	96	164	260	1,260	176	5,176	*A,*B
4,120	8,240	96	164	260	1,520	176	5,352	
4,320	8,640	96	172	268	1,788	176	5,528	
4,320	8,640	96	172	268	2,056	176	5,704	
4,320	8,640	96	172	268	2,324	176	5,880	
4,320	8,640	96	172	268	2,592	176	6,056	
4,320	8,640	96	172	268	2,860	176	6,232	
4,320	8,640	96	172	268	3,128	176	6,408	
4,320	8,640	96	172	268	3,396	176	6,584	
4,320	8,640	96	172	268	3,664	176	6,760	
4,320	8,640	96	172	268	3,932	176	6,936	
4,320	8,640	96	172	268	4,200	176	7,112	
9,210	18,420	1,624	368	1,992	6,192	2,952	10,064	
9,210	18,420	1,624	368	1,992	8,184	2,952	13,016	
7,920	12,440	96	248	344	8,528	576	13,592	帰路特便1運賃
4,520	9,040	96	180	276	8,804	176	13,768	
4,520	9,040	96	180	276	9,080	176	13,944	
4,120	8,240	96	164	260	9,340	176	14,120	
4,120	8,240	96	164	260	9,600	176	14,296	
4,120	8,240	96	164	260	9,860	176	14,472	
4,120	8,240	96	164	260	10,120	176	14,648	
4,120	8,240	96	164	260	10,380	176	14,824	
4,120	8,240	96	164	260	10,640	176	15,000	
4,120	8,240	136	164	300	10,940	176	15,176	*D
4,120	8,240	136	164	300	11,240	176	15,352	
	236,160							
	3,300							
	16,860							
	222,600							

注記:

*A:JALカード初回搭乗ボーナスFOP:5,000

*B:JALカード入会ボーナス5000マイル

*D:クリスタル会員獲得

那覇発JGC修行案

回数	日付	曜日	行先	便名	出発	到着	運賃	行先	便名	出発	到着
2	5月23日	日	久米島	RAC871	7:40	8:15	4,120	那覇	JTA212	14:55	15:35
4			久米島	RAC883	18:10	18:45	4,120	那覇	RAC884	19:10	19:45
6	5月30日	日	久米島	RAC871	7:40	8:15	4,320	那覇	JTA212	14:55	15:35
8			久米島	RAC883	18:10	18:45	4,320	那覇	RAC884	19:10	19:45
10	6月6日	日	久米島	RAC871	7:40	8:15	4,320	那覇	JTA212	14:55	15:35
12			久米島	RAC883	18:10	18:45	4,320	那覇	RAC884	19:10	19:45
14	6月13日	日	久米島	RAC871	7:40	8:15	4,320	那覇	JTA212	14:55	15:35
16			久米島	RAC883	18:10	18:45	4,320	那覇	RAC884	19:10	19:45
18	6月20日	日	久米島	RAC871	7:40	8:15	4,320	那覇	JTA212	14:55	15:35
20			久米島	RAC883	18:10	18:45	4,320	那覇	RAC884	19:10	19:45
22	6月27日	日	久米島	RAC871	7:40	8:15	4,320	那覇	JTA212	14:55	15:35
24			久米島	RAC883	18:10	18:45	4,320	那覇	RAC884	19:10	19:45
26	9月4日	土	東京	JAL902	10:15	12:40	9,210	那覇	JAL921	15:55	18:35
28	9月5日	日	東京	JAL902	10:15	12:40	9,210	那覇	JAL921	15:55	18:35
30	9月12日	日	久米島	RAC871	7:40	8:15	4,520	那覇	JTA212*	14:55	15:35
32			久米島	RAC883	18:10	18:45	4,520	那覇	RAC884	19:10	19:45
34	9月19日	日	久米島	RAC871	7:40	8:15	4,520	那覇	JTA212	14:55	15:35
36	10月3日	日	久米島	RAC871	7:40	8:15	4,120	那覇	JTA212	14:55	15:35
38			久米島	RAC883	18:10	18:45	4,120	那覇	RAC884	14:55	19:45
40	10月10日	日	久米島	RAC871	7:40	8:15	4,120	那覇	JTA212	14:55	15:35
42			久米島	RAC883	18:10	18:45	4,120	那覇	RAC884	19:10	19:45
44	10月17日	日	久米島	RAC871	7:40	8:15	4,120	那覇	JTA212	14:55	15:35
46			久米島	RAC883	18:10	18:45	4,120	那覇	RAC884	19:10	19:45
48	10月24日	日	久米島	RAC871	7:40	8:15	4,120	那覇	JTA212	14:55	15:35
50			久米島	RAC883	18:10	18:45	4,120	那覇	RAC884	19:10	19:45

航空運賃支払総予算額
JALカード(普通)ショッピングマイルプレミアム年会費
マイル交換でeJALポイント使用分
実質航空運賃支払額

略称:
FM:フライトマイル
CM:カード支払いマイル+入会マイル
M:マイル
FOP:FLY ONポイント

運賃	往復運賃	FM	CM	M合計	累計M	PP	累計PP	PP単価	注記
6,410	13,320	1,012	1,200	2,212	2,212	4,842	4,842	7.23	*A*B
7,410	14,320	1,012	215	1,227	3,438	1,842	6,684	7.77	
6,410	13,320	1,012	200	1,212	4,650	1,842	8,526	7.23	
7,410	14,320	1,012	215	1,227	5,876	1,842	10,368	7.77	
5,910	12,820	1,012	192	1,204	7,080	1,842	12,210	6.96	
6,910	13,820	1,012	207	1,219	8,299	1,842	14,052	7.50	
5,910	12,820	1,012	192	1,204	9,503	1,842	15,894	6.96	
6,910	13,820	1,012	207	1,219	10,722	1,842	17,736	7.50	
5,910	12,820	1,012	192	1,204	11,926	1,842	19,578	7.50	
6,910	13,820	1,012	207	1,219	13,145	1,842	21,420	6.96	
5,910	12,820	1,012	192	1,204	14,349	1,842	23,262	7.50	
6,910	13,820	1,012	207	1,219	15,568	1,842	25,104	6.96	
9,410	18,820	1,096	282	1,378	16,946	1,998	27,102	9.42	
9,410	18,820	1,096	282	1,378	18,324	1,998	29,100	9.42	
9,410	18,820	1,096	282	1,378	19,702	1,998	31,098	9.42	*D
9,410	18,820	1,396	282	1,678	21,380	1,998	33,096	9.42	
9,410	18,820	1,396	282	1,678	23,058	1,998	35,094	9.42	
9,310	18,620	1,396	279	1,675	24,733	1,998	37,092	9.32	
9,410	18,820	1,396	282	1,678	24,736	1,998	39,090	9.42	
7,210	16,920	1,288	254	1,542	26,275	1,842	40,932	9.19	
9,410	18,820	1,396	282	1,678	26,414	1,998	42,930	9.42	
7,210	16,220	1,288	243	1,531	27,806	1,842	44,772	8.81	
9,410	18,820	1,396	282	1,678	28,092	1,998	46,770	9.42	
7,210	16,220	1,288	243	1,531	29,337	1,842	48,612	8.81	
8,110	17,420	1,288	261	1,549	30,886	1,842	50,454	9.46	
	FM合計⇒	28,960							
	397,800								
	46,328								
	351,472								

注記：
*A:ANAカード（普通）入会マイル加算
*B:2021年ボーナスプレミアムポイント加算
*D:ブロンズステイタス会員獲得

札幌発SFC通期修行案

回数	日付	曜日	行先	便名	出発	到着	運賃	行先	便名	出発	到着
2	5月22日	土	中部	ANA4830	8:40	10:25	6,910	新千歳	ANA717	18:50	20:30
4	5月23日	日	中部	ANA4830	8:40	10:25	6,910	新千歳	ANA707	11:50	13:35
6	5月29日	土	中部	ANA4830	8:40	10:25	6,910	新千歳	ANA717	18:50	20:30
8	5月30日	日	中部	ANA4830	8:40	10:25	6,910	新千歳	ANA707	11:50	13:35
10	6月5日	土	中部	ANA4830	8:40	10:25	6,910	新千歳	ANA717	18:50	20:30
12	6月6日	日	中部	ANA4830	8:40	10:25	6,910	新千歳	ANA717	18:50	20:30
14	6月12日	土	中部	ANA4830	8:40	10:25	6,910	新千歳	ANA717	18:50	20:30
16	6月13日	日	中部	ANA4830	8:40	10:25	6,910	新千歳	ANA717	18:50	20:30
18	6月19日	土	中部	ANA4830	8:40	10:25	6,910	新千歳	ANA717	18:50	20:30
20	6月20日	日	中部	ANA4830	8:40	10:25	6,910	新千歳	ANA717	18:50	20:30
22	6月26日	土	中部	ANA4830	8:40	10:25	6,910	新千歳	ANA717	18:50	20:30
24	6月27日	日	中部	ANA4830	8:40	10:25	6,910	新千歳	ANA717	18:50	20:30
26	9月5日	日	関西	ANA1712	10:35	12:50	9,410	新千歳	ANA1717	16:30	18:20
28	9月11日	土	関西	ANA1712	10:35	12:50	9,410	新千歳	ANA1717	16:30	18:20
30	9月12日	日	関西	ANA1712	10:35	12:50	9,410	新千歳	ANA1717	16:30	18:20
32	10月2日	土	関西	ANA1712	10:35	12:50	9,410	新千歳	ANA1717	16:30	18:20
34	10月3日	日	関西	ANA1712	10:35	12:50	9,410	新千歳	ANA1717	16:30	18:20
36	10月9日	土	関西	ANA1712	10:35	12:50	9,310	新千歳	ANA1717	16:30	18:20
38	10月10日	日	関西	ANA1712	10:35	12:50	9,410	新千歳	ANA1717	16:30	18:20
40	10月16日	土	中部	ANA4830	8:40	10:25	9,710	新千歳	ANA717	18:50	20:30
42	10月17日	日	関西	ANA1712	10:35	12:50	9,410	新千歳	ANA1717	16:30	18:20
44	10月23日	土	中部	ANA4830	8:40	10:25	9,010	新千歳	ANA717	18:50	20:30
46	10月24日	日	関西	ANA1712	10:35	12:50	9,410	新千歳	ANA1717	16:30	18:20
48	10月30日	土	中部	ANA4830	8:40	10:25	9,010	新千歳	ANA717	18:50	20:30
50	11月3日	(水)	中部	ANA4830	8:40	10:25	9,010	新千歳	ANA717	19:35	21:15

略称:
FM:フライトマイル
CM:カード支払いマイル+入会マイル
M:マイル
PP:プレミアムポイント

支払総予算額
ANAコイン獲得
実質支払額

運賃	往復運賃	FM	CM	M合計	累計M	PP	累計PP	PP単価	注記
12,210	21,420	1,622	1,321	2,943	2,943	2,952	5,952	7.26	*A*B
12,210	21,420	1,622	321	1,943	4,886	2,952	8,904	7.26	
12,810	22,020	1,622	330	1,952	6,838	2,952	11,856	7.46	
12,210	21,420	1,622	321	1,943	8,781	2,952	14,808	7.26	
12,810	22,020	1,622	330	1,952	10,733	2,952	17,760	7.46	
12,210	21,420	1,622	321	1,943	12,676	2,952	20,712	7.26	
12,810	22,020	1,622	330	1,952	14,628	2,952	23,664	7.46	
12,810	22,020	1,622	330	1,952	16,580	2,952	26,616	7.46	
12,810	22,020	1,622	330	1,952	18,532	2,952	29,568	7.46	
12,810	22,020	1,622	330	1,952	20,484	2,952	32,520	7.46	
12,810	22,020	2,066	330	2,396	22,880	2,952	35,472	7.46	
12,810	22,020	2,066	330	2,396	25,276	2,952	38,424	7.46	
12,810	22,020	2,066	330	2,396	27,672	2,952	41,376	7.46	
12,810	22,020	2,066	330	2,396	30,068	2,952	44,328	7.46	
12,710	21,820	2,066	327	2,393	32,461	2,952	47,280	7.39	
12,710	21,820	2,066	327	2,393	34,854	2,952	50,232	7.39	
	FM合計⇒	28,616							
	349,520								
	52,281								
	297,239								

注記：
*A:ANAカード（普通）入会マイル加算
*B:2021年ボーナスプレミアムポイント加算
*D:ブロンズステイタス会員獲得

東京発SFC通期修行案

回数	日付	曜日	行先	便名	出発	到着	運賃	行先	便名	出発	到着
2	5月22日	土	那覇	ANA477	15:30	18:00	9,210	羽田	ANA1096	20:10	22:30
4	5月29日	土	那覇	ANA477	15:30	18:00	9,210	羽田	ANA1096	20:10	22:30
6	5月30日	日	那覇	ANA477	15:30	18:00	9,210	羽田	ANA1096	20:10	22:30
8	6月5日	土	那覇	ANA477	15:30	18:00	9,210	羽田	ANA1096	20:10	22:30
10	6月6日	日	那覇	ANA477	15:30	18:00	9,210	羽田	ANA1096	20:10	22:30
12	6月12日	土	那覇	ANA477	15:30	18:00	9,210	羽田	ANA1096	20:10	22:30
14	6月13日	日	那覇	ANA477	15:30	18:00	9,210	羽田	ANA1096	20:10	22:30
16	6月19日	土	那覇	ANA477	15:30	18:00	9,210	羽田	ANA1096	20:10	22:30
18	9月4日	土	那覇	ANA477	15:30	18:00	9,210	羽田	ANA1096	20:10	22:30
20	9月5日	日	那覇	ANA477	15:30	18:00	9,210	羽田	ANA1096	20:10	22:30
22	9月11日	土	那覇	ANA477	15:30	18:00	9,210	羽田	ANA1096	20:10	22:30
24	9月12日	日	那覇	ANA477	15:30	18:00	9,210	羽田	ANA1096	20:10	22:30
26	10月2日	土	那覇	ANA477	15:30	18:00	9,210	羽田	ANA1096	20:10	22:30
28	10月3日	日	那覇	ANA477	15:30	18:00	9,210	羽田	ANA1096	20:10	22:30
30	10月9日	土	那覇	ANA477	15:30	18:00	9,210	羽田	ANA1096	20:10	22:30
32	10月10日	日	那覇	ANA477	15:30	18:00	9,210	羽田	ANA1096	20:10	22:30

略称：
FM:フライトマイル
CM:カード支払いマイル+入会マイル
M:マイル
PP:プレミアムポイント

支払総予算額
ANAコイン獲得
実質支払額

運賃	往復運賃	FM	CM	M合計	累計M	PP	累計PP	PP単価	注記
14,240	28,480	1,722	1,426	3,148	3,148	3,132	6,132	9.09	*A*B
7,910	15,320	1,012	230	1,242	4,390	1,842	7,974	8.32	
11,010	17,920	1,012	269	1,281	5,670	1,842	9,816	9.73	
12,510	19,920	1,012	299	1,311	6,981	1,842	11,658	10.81	
10,110	17,520	1,012	263	1,275	8,255	1,842	13,500	9.51	
7,810	15,720	1,012	236	1,248	9,503	1,842	15,342	8.53	
12,510	19,920	1,012	299	1,311	10,813	1,842	17,184	10.81	
7,810	15,720	1,012	236	1,248	12,061	1,842	19,026	8.53	
11,010	18,420	1,012	276	1,288	13,349	1,842	20,868	10.00	
7,810	15,720	1,012	236	1,248	14,596	1,842	22,710	8.53	
12,510	19,920	1,012	299	1,311	15,907	1,842	24,552	10.81	
7,810	15,720	1,012	236	1,248	17,154	1,842	26,394	8.53	
11,010	18,420	1,012	276	1,288	18,442	1,842	28,236	10.00	
7,910	15,820	1,012	237	1,249	19,691	1,842	30,078	8.59	*D
12,510	19,920	1,288	299	1,587	21,278	1,842	31,920	10.81	
7,810	15,720	1,288	236	1,524	22,801	1,842	33,762	8.53	
11,010	18,420	1,288	276	1,564	24,365	1,842	35,604	10.00	
7,910	15,820	1,288	237	1,525	25,890	1,842	37,446	8.59	
12,510	19,920	1,288	299	1,587	27,477	1,842	39,288	10.81	
10,210	19,920	1,288	299	1,587	29,063	1,842	41,130	10.81	
10,810	20,020	1,288	300	1,588	30,651	1,842	42,972	10.87	
9,910	18,520	1,288	278	1,566	32,217	1,842	44,814	10.05	
9,910	17,620	1,288	264	1,552	33,769	1,842	46,656	9.57	
9,910	17,620	1,288	264	1,552	35,321	1,842	48,498	9.57	
9,910	17,620	1,288	264	1,552	36,873	1,842	50,340	9.57	
	FM合計⇒	29,046							
	455,660								
	55,309								
	400,351								

注記：
*A:ANAカード（普通）入会マイル加算
*B:2021年ボーナスプレミアムポイント加算
*D:ブロンズステイタス会員獲得

名古屋発SFC通期修行案

回数	日付	曜日	行先	便名	出発	到着	運賃	行先	便名	出発	到着
2	5月23日	日	石垣	ANA579	11:00	13:50	14,240	中部	ANA580	14:35	17:00
4	5月29日	土	新千歳	ANA703	9:35	11:20	7,410	中部	ANA706	12:00	13:45
6				ANA715	17:25	19:05	6,910	中部	ANA714	19:45	21:30
8	5月30日	日	新千歳	ANA707	11:50	13:35	7,410	中部	ANA714	19:45	21:30
10	6月5日	土	新千歳	ANA715	17:25	19:05	7,410	中部	ANA714	19:45	21:30
12	6月6日	日	新千歳	ANA703	9:35	11:20	7,910	中部	ANA706	12:00	13:45
14				ANA715	17:25	19:05	7,410	中部	ANA714	19:45	21:30
16	6月12日	土	新千歳	ANA703	9:35	11:20	7,910	中部	ANA706	12:00	13:45
18				ANA715	17:25	19:05	7,410	中部	ANA714	19:45	21:30
20	6月13日	日	新千歳	ANA703	9:35	11:20	7,910	中部	ANA706	12:00	13:45
22				ANA715	17:25	19:05	7,410	中部	ANA714	19:45	21:30
24	6月19日	土	新千歳	ANA703	9:35	11:20	7,910	中部	ANA706	12:00	13:45
26				ANA715	17:25	19:05	7,410	中部	ANA714	19:45	21:30
28	6月20日	日	新千歳	ANA703	9:35	11:20	7,910	中部	ANA706	12:00	13:45
30				ANA715	17:25	19:05	7,410	中部	ANA714	19:45	21:30
32	6月26日	土	新千歳	ANA703	9:35	11:20	7,910	中部	ANA706	12:00	13:45
34				ANA715	17:25	19:05	7,410	中部	ANA714	19:45	21:30
36	6月27日	日	新千歳	ANA703	9:35	11:20	7,910	中部	ANA706	12:00	13:45
38				ANA715	17:25	19:05	7,410	中部	ANA714	19:45	21:30
40	9月23日	(木)	新千歳	ANA715	17:25	19:05	9,710	中部	ANA714	19:45	21:30
42	9月25日	土	新千歳	ANA4835	15:15	16:55	9,210	中部	ANA714	19:45	21:30
44	10月2日	土	新千歳	ANA715	17:25	19:05	8,610	中部	ANA714	19:45	21:30
46	10月16日	土	新千歳	ANA715	17:25	19:05	7,710	中部	ANA714	19:45	21:30
48	10月23日	土	新千歳	ANA715	17:25	19:05	7,710	中部	ANA714	19:45	21:30
50	10月30日	土	新千歳	ANA715	17:25	19:05	7,710	中部	ANA714	19:45	21:30

略称:
FM:フライトマイル
CM:カード支払いマイル+入会マイル
M:マイル
PP:プレミアムポイント

支払総予算額
ANAコイン獲得
実質支払額

運賃	往復運賃	FM	CM	M合計	累計M	PP	累計PP	PP単価	注記
11,940	24,380	1,596	1,366	2,962	2,962	2,906	5,906	8.39	*A*B
11,940	22,880	1,596	342	1,938	1,938	2,906	8,812	8.39	
13,440	25,880	1,596	387	1,983	1,983	2,906	11,718	8.91	
13,440	24,380	1,596	365	1,961	1,961	2,906	14,624	8.39	
13,020	21,240	1,218	318	1,536	3,497	2,216	16,840	9.58	
13,020	21,240	1,218	318	1,536	5,033	2,216	19,056	9.58	
13,220	21,440	1,218	321	1,539	6,572	2,216	21,272	9.68	
13,320	22,540	1,218	338	1,556	8,127	2,216	23,488	10.17	
9,620	19,240	1,218	288	1,506	9,633	2,216	25,704	8.68	
9,620	19,240	1,218	288	1,506	11,139	2,216	27,920	8.68	
9,620	19,240	1,218	288	1,506	12,645	2,216	30,136	8.68	*D
9,920	19,140	1,550	287	1,837	14,482	2,216	32,352	8.64	
9,620	19,540	1,550	293	1,843	16,324	2,216	34,568	8.82	
9,620	19,240	1,550	288	1,838	18,162	2,216	36,784	8.68	
9,620	19,240	1,550	288	1,838	20,000	2,216	39,000	8.68	
9,620	19,240	1,550	288	1,838	21,838	2,216	41,216	8.68	
9,620	19,240	1,550	288	1,838	23,676	2,216	43,432	8.68	
9,620	19,240	1,550	288	1,838	25,514	2,216	45,648	8.68	
9,620	19,240	1,550	288	1,838	27,352	2,216	47,864	8.68	
9,620	19,240	1,550	288	1,838	29,190	2,216	50,080	8.68	
	FM合計⇒	28,860							
	415,060								
	43,785								
	371,275								

注記：
*A:ANAカード（普通）入会マイル加算
*B:2021年ボーナスプレミアムポイント加算
*D:ブロンズステイタス会員獲得

大阪(関西・神戸)発SFC通期修行案

回数	日付	曜日	行先	便名	出発	到着	運賃	行先	便名	出発	到着
2	5月22日	土	石垣	ANA1747	9:00	11:35	12,440	関西	ANA1748	12:05	14:35
4	5月23日	日	石垣	ANA1747	9:00	11:35	10,940	関西	ANA1748	12:05	14:35
6	5月29日	土	石垣	ANA1747	9:00	11:35	12,440	関西	ANA1748	12:05	14:35
8	5月30日	日	石垣	ANA1747	9:00	11:35	10,940	関西	ANA1748	12:05	14:35
10	6月5日	土	那覇	ANA2529	17:10	19:20	8,220	神戸	ANA2530	20:00	22:00
12	6月12日	土	那覇	ANA2527	13:40	15:55	8,220	神戸	ANA2530	20:00	22:00
14	6月19日	土	那覇	ANA2527	13:40	15:55	8,220	神戸	ANA2530	20:00	22:00
16	9月25日	土	那覇	ANA2527	13:50	16:10	9,220	神戸	ANA2530	20:00	22:00
18	11月3日	(水)	那覇	ANA2525	8:15	10:35	9,620	神戸	ANA2526	11:25	13:15
20				ANA2527	13:50	16:10	9,620	神戸	ANA2530	20:00	22:00
22	11月6日	土	那覇	ANA2525	8:15	10:35	9,620	神戸	ANA2526	11:25	13:15
24				ANA2527	13:50	16:10	9,220	神戸	ANA2530	20:00	22:00
26	11月13日	土	那覇	ANA2525	8:15	10:35	9,920	神戸	ANA2526	11:25	13:15
28				ANA2527	13:50	16:10	9,620	神戸	ANA2530	20:00	22:00
30	11月14日	日	那覇	ANA2525	8:15	10:35	9,620	神戸	ANA2526	11:25	13:15
32				ANA2527	13:40	15:55	9,620	神戸	ANA2530	20:00	22:00
34	11月27日	土	那覇	ANA2525	8:15	10:35	9,620	神戸	ANA2526	11:25	13:15
36				ANA2527	13:40	15:55	9,620	神戸	ANA2530	20:00	22:00
38	11月28日	日	那覇	ANA2525	8:15	10:35	9,620	神戸	ANA2526	11:25	13:15
40				ANA2527	13:50	16:10	9,620	神戸	ANA2530	20:00	22:00

略称:
FM:フライトマイル
CM:カード支払いマイル+入会マイル
M:マイル
PP:プレミアムポイント

支払総予算額
ANAコイン獲得
実質支払額

運賃	往復運賃	FM	CM	M合計	累計M	PP	累計PP	PP単価	注記
14,480	28,960	1,322	434	1,756	2,756	2,646	5,646	10.94	*A*B
14,480	28,960	1,322	434	1,756	4,511	2,646	8,292	10.94	
14,480	28,960	1,322	434	1,756	6,267	2,646	10,938	10.94	
14,480	28,960	1,322	434	1,756	8,022	2,646	13,584	10.94	
14,480	28,960	1,322	434	1,756	9,778	2,646	16,230	10.94	
14,480	28,960	1,322	434	1,756	11,533	2,646	18,876	10.94	
13,780	27,560	1,322	413	1,735	13,268	2,646	21,522	10.42	
13,780	27,560	1,322	413	1,735	15,002	2,646	24,168	10.42	
13,780	27,560	1,322	413	1,735	16,737	2,646	26,814	10.42	
13,780	27,560	1,322	413	1,735	18,471	2,646	29,460	10.42	
11,480	22,960	1,322	344	1,666	20,137	2,646	32,106	8.68	*D
11,480	22,960	1,850	344	1,378	22,330	2,646	34,752	8.68	
11,480	22,960	1,850	344	1,378	24,524	2,646	37,398	8.68	
11,480	22,960	1,850	344	1,378	26,717	2,646	40,044	8.68	
11,480	22,960	1,850	344	1,378	28,911	2,646	42,690	8.68	
10,980	21,960	1,850	329	2,179	31,089	2,646	45,336	8.30	
11,480	22,960	1,850	344	2,194	33,283	2,646	47,982	8.68	
11,480	22,960	1,850	344	2,194	35,476	2,646	50,628	8.68	
	FM合計⇒	27,492							
	466,680								
	53,214								
	413,466								

注記：
*A:ANAカード（普通）入会マイル加算
*B:2021年ボーナスプレミアムポイント加算
*D:ブロンズステイタス会員獲得

福岡発SFC通期修行案

回数	日付	曜日	行先	便名	出発	到着	運賃	行先	便名	出発	到着
2	6月12日	土	新千歳	ANA1277	8:20	10:40	14,480	福岡	ANA1280	17:20	19:55
4	6月13日	日	新千歳	ANA1277	8:20	10:40	14,480	福岡	ANA1280	17:20	19:55
6	6月19日	土	新千歳	ANA1277	8:20	10:40	14,480	福岡	ANA1280	17:20	19:55
8	6月20日	日	新千歳	ANA1277	8:20	10:40	14,480	福岡	ANA1280	17:20	19:55
10	6月26日	土	新千歳	ANA1277	8:20	10:40	14,480	福岡	ANA1280	17:20	19:55
12	6月27日	日	新千歳	ANA1277	8:20	10:40	14,480	福岡	ANA1280	17:20	19:55
14	9月4日	土	新千歳	ANA1277	8:20	10:40	13,780	福岡	ANA1280	17:20	19:55
16	9月5日	日	新千歳	ANA1277	8:20	10:40	13,780	福岡	ANA1280	17:20	19:55
18	9月11日	土	新千歳	ANA1277	8:20	10:40	13,780	福岡	ANA1280	17:20	19:55
20	9月12日	日	新千歳	ANA1277	8:20	10:40	13,780	福岡	ANA1280	17:20	19:55
22	11月3日	日	新千歳	ANA289	10:50	13:05	11,480	福岡	ANA290	14:05	16:40
24	11月6日	土	新千歳	ANA289	10:50	13:05	11,480	福岡	ANA290	14:05	16:40
26	11月7日	日	新千歳	ANA289	10:50	13:05	11,480	福岡	ANA290	14:05	16:40
28	11月13日	土	新千歳	ANA289	10:50	13:05	11,480	福岡	ANA290	14:05	16:40
30	11月14日	日	新千歳	ANA289	10:50	13:05	11,480	福岡	ANA290	14:05	16:40
32	11月21日	日	新千歳	ANA289	10:50	13:05	10,980	福岡	ANA290	14:05	16:40
34	11月27日	土	新千歳	ANA289	10:50	13:05	11,480	福岡	ANA290	14:05	16:40
36	11月28日	日	新千歳	ANA289	10:50	13:05	11,480	福岡	ANA290	14:05	16:40

略称：
FM:フライトマイル
CM:カード支払いマイル＋入会マイル
M:マイル
PP:プレミアムポイント

支払総予算額
ANAコイン獲得
実質支払額

運賃	往復運賃	FM	CM	M合計	累計M	PP	累計PP	PP単価	注記
9,210	18,420	1,622	1,321	2,943	2,943	2,952	5,952	6.24	*A*B
9,210	18,420	1,622	276	1,898	4,841	2,952	8,904	6.24	
9,210	18,420	1,622	276	1,898	6,739	2,952	11,856	6.24	
9,210	18,420	1,622	276	1,898	8,637	2,952	14,808	6.24	
9,210	18,420	1,622	276	1,898	10,535	2,952	17,760	6.24	
9,210	18,420	1,622	276	1,898	12,433	2,952	20,712	6.24	
9,210	18,420	1,622	276	1,898	14,331	2,952	23,664	6.24	
9,210	18,420	1,622	276	1,898	16,229	2,952	26,616	6.24	
9,210	18,420	1,622	276	1,898	18,127	2,952	29,568	6.24	
9,210	18,420	1,622	276	1,898	20,025	2,952	32,520	6.24	*D
9,210	18,420	1,622	276	1,898	21,923	2,952	35,472	6.24	
9,210	18,420	2,066	276	2,342	24,265	2,952	38,424	6.24	
9,210	18,420	2,066	276	2,342	26,607	2,952	41,376	6.24	
9,210	18,420	2,066	276	2,342	28,949	2,952	44,328	6.24	
9,210	18,420	2,066	276	2,342	31,291	2,952	47,280	6.24	
9,210	18,420	2,066	276	2,342	33,633	2,952	50,232	6.24	
	FM合計⇒	28,172							
	294,720								
	50,450								
	244,271								

注記:

*A:ANAカード(普通)入会マイル加算

*B:2021年ボーナスプレミアムポイント加算

*D:ブロンズステイタス会員獲得

那覇発SFC通期修行案

回数	日付	曜日	行先	便名	出発	到着	運賃	行先	便名	出発	到着
2	5月22日	土	羽田	ANA994	10:00	12:25	9,210	那覇	ANA477	15:40	18:20
4	5月23日	日	羽田	ANA994	10:00	12:25	9,210	那覇	ANA477	15:40	18:20
6	5月29日	土	羽田	ANA994	10:00	12:25	9,210	那覇	ANA477	15:40	18:20
8	5月30日	日	羽田	ANA994	10:00	12:25	9,210	那覇	ANA477	15:40	18:20
10	6月5日	土	羽田	ANA994	10:00	12:25	9,210	那覇	ANA477	15:40	18:20
12	6月6日	日	羽田	ANA994	10:00	12:25	9,210	那覇	ANA477	15:40	18:20
14	6月12日	土	羽田	ANA994	10:00	12:25	9,210	那覇	ANA477	15:40	18:20
16	6月13日	日	羽田	ANA994	10:00	12:25	9,210	那覇	ANA477	15:40	18:20
18	6月19日	土	羽田	ANA994	10:00	12:25	9,210	那覇	ANA477	15:40	18:20
20	6月26日	土	羽田	ANA994	10:00	12:25	9,210	那覇	ANA477	15:40	18:20
22	7月3日	土	羽田	ANA994	9:55	12:25	9,210	那覇	ANA477	15:40	18:15
24	7月10日	土	羽田	ANA994	9:55	12:25	9,210	那覇	ANA477	15:40	18:15
26	7月17日	土	羽田	ANA994	9:55	12:25	9,210	那覇	ANA477	15:40	18:15
28	9月4日	土	羽田	ANA994	10:00	12:25	9,210	那覇	ANA477	15:40	18:15
30	9月5日	日	羽田	ANA994	10:00	12:25	9,210	那覇	ANA477	15:40	18:15
32	9月11日	土	羽田	ANA994	10:00	12:25	9,210	那覇	ANA477	15:40	18:15

略称:
FM:フライトマイル
CM:カード支払いマイル+入会マイル
M:マイル
PP:プレミアムポイント

支払総予算額
ANAコイン獲得
実質支払額

運賃	往復運賃	FM	CM	M合計	累計M	PP	累計PP	PP単価	注記
7,810	15,620	1,012	1,234	2,246	2,246	6,684	6,684	2.34	*A*B*C
8,010	16,620	1,012	249	1,261	1,261	3,684	10,368	4.51	*C
7,810	16,620	1,012	249	1,261	2,522	3,684	14,052	4.51	*C
8,010	16,620	1,012	200	1,212	3,734	3,684	17,736	4.51	*C
7,810	16,620	1,012	215	1,227	4,960	3,684	21,420	4.51	*C
5,910	12,820	1,012	192	1,204	6,164	3,684	25,104	3.48	
6,910	13,820	1,012	207	1,219	7,383	3,684	28,788	3.75	
5,910	12,820	1,012	192	1,204	8,587	3,684	32,472	3.48	*D
6,910	13,820	1,288	207	1,495	10,082	3,684	36,156	3.75	
5,910	12,820	1,288	192	1,480	11,562	3,684	39,840	3.48	
6,910	13,820	1,288	207	1,495	13,057	3,684	43,524	3.75	
5,910	12,820	1,288	192	1,480	14,537	3,684	47,208	3.48	
6,910	13,820	1,288	207	1,495	16,032	3,684	50,892	3.75	
	FM合計⇒	14,536							
	188,660								
	24,048								
	164,612								

注記:
*A:ANAカード(普通)入会マイル加算
*B:2021年ボーナスプレミアムポイント加算
*C:スーパーバリュー55運賃
*D:ブロンズスタイタス会員獲得

運賃	往復運賃	FM	CM	M合計	累計M	PP	累計PP	PP単価	注記
12,310	21,620	1,622	1,324	2,946	2,946	5,904	8,904	3.66	*A*B*C
12,910	22,220	1,622	333	1,955	4,901	5,904	14,808	3.66	*C
12,210	21,420	1,622	321	1,943	6,844	5,904	20,712	3.63	
12,810	22,020	1,622	330	1,952	8,796	5,904	26,616	3.73	
12,210	21,420	1,622	321	1,943	10,739	5,904	32,520	3.63	*D
12,810	22,020	2,066	330	2,396	13,135	5,904	38,424	3.73	
12,810	22,020	2,066	330	2,396	15,531	5,904	44,328	3.73	
12,810	22,020	2,066	330	2,396	17,927	5,904	50,232	3.73	
	FM合計⇒	14,308							
	174,760								
	26,891								
	147,870								

注記:
*A:ANAカード(普通)入会マイル加算
*B:2021年ボーナスプレミアムポイント加算
*C:スーパーバリュー55運賃
*D:ブロンズスタイタス会員獲得

札幌発SFC修行案(2021春季限定キャンペーン利用)

回数	日付	曜日	行先	便名	出発	到着	運賃	行先	便名	出発	到着
2	5月16日	日	中部	ANA4830	8:40	10:25	7,810	新千歳	ANA717	18:50	20:30
4	5月22日	土	中部	ANA4830	8:40	10:25	8,610	新千歳	ANA717	18:50	20:30
6	5月23日	日	中部	ANA4830	8:40	10:25	8,810	新千歳	ANA717	18:50	20:30
8	5月29日	土	中部	ANA4830	8:40	10:25	8,610	新千歳	ANA717	18:50	20:30
10	5月30日	日	中部	ANA4830	8:40	10:25	8,810	新千歳	ANA717	18:50	20:30
12	6月5日	土	中部	ANA704	9:25	11:10	6,910	新千歳	ANA717	18:50	20:30
14	6月6日	日	中部	ANA4830	8:40	10:25	6,910	新千歳	ANA717	18:50	20:30
16	6月12日	土	中部	ANA4830	8:40	10:25	6,910	新千歳	ANA717	18:50	20:30
18	6月13日	日	中部	ANA4830	8:40	10:25	6,910	新千歳	ANA717	18:50	20:30
20	6月19日	土	中部	ANA4830	8:40	10:25	6,910	新千歳	ANA717	18:50	20:30
22	6月20日	日	中部	ANA4830	8:40	10:25	6,910	新千歳	ANA717	18:50	20:30
24	6月26日	土	中部	ANA4830	8:40	10:25	6,910	新千歳	ANA717	18:50	20:30
26	6月27日	日	関西	ANA4830	10:35	10:25	6,910	新千歳	ANA717	18:50	20:30

略称:
FM:フライトマイル
CM:カード支払いマイル+入会マイル
M:マイル
PP:プレミアムポイント

支払総予算額
ANAコイン獲得
実質支払額

東京発SFC修行案(2021春季限定キャンペーン利用)

回数	日付	曜日	行先	便名	出発	到着	運賃	行先	便名	出発	到着
2	5月29日	土	那覇	ANA477	15:30	18:00	9,310	羽田	ANA1096	20:10	22:30
4	5月30日	日	那覇	ANA477	15:30	18:00	9,310	羽田	ANA1096	20:10	22:30
6	6月5日	土	那覇	ANA477	15:30	18:00	9,210	羽田	ANA1096	20:10	22:30
8	6月6日	日	那覇	ANA477	15:30	18:00	9,210	羽田	ANA1096	20:10	22:30
10	6月12日	土	那覇	ANA477	15:30	18:00	9,210	羽田	ANA1096	20:10	22:30
12	6月13日	日	那覇	ANA477	15:30	18:00	9,210	羽田	ANA1096	20:10	22:30
14	6月19日	土	那覇	ANA477	15:30	18:00	9,210	羽田	ANA1096	20:10	22:30
16	6月26日	土	那覇	ANA477	15:30	18:00	9,210	羽田	ANA1096	20:10	22:30

略称:
FM:フライトマイル
CM:カード支払いマイル+入会マイル
M:マイル
PP:プレミアムポイント

支払総予算額
ANAコイン獲得
実質支払額

運賃	往復運賃	FM	CM	M合計	累計M	PP	累計PP	PP単価	注記
21:30	15,720	1,012	1,236	2,248	2,248	3,684	6,684	4.27	*A*B
10,110	17,520	1,012	263	1,275	3,522	3,684	10,368	4.76	
21:30	15,720	1,012	236	1,248	3,495	3,684	14,052	4.27	
12,510	19,920	1,012	288	1,300	4,795	3,684	17,736	5.41	
7,810	15,720	1,012	236	1,248	4,743	3,684	21,420	4.27	
11,010	18,420	1,012	276	1,288	6,031	3,684	25,104	5.00	
7,810	15,720	1,012	236	1,248	5,990	3,684	28,788	4.27	
7,810	15,720	1,012	236	1,248	7,238	3,684	32,472	4.27	*D
11,010	18,420	1,288	276	1,564	8,802	3,684	36,156	5.00	
7,910	15,820	1,288	237	1,525	10,327	3,684	39,840	4.29	
7,810	15,720	1,288	236	1,524	11,850	3,684	43,524	4.27	
11,010	18,420	1,288	276	1,564	13,414	3,684	47,208	5.00	
7,910	15,820	1,288	237	1,525	13,375	3,684	50,892	4.29	
	FM合計⇒	29,046							
	218,660								
	20,063								
	198,598								

注記:
*A:ANAカード(普通)入会マイル加算
*B:2021年ボーナスプレミアムポイント加算
*D:ブロンズスタイタス会員獲得

運賃	往復運賃	FM	CM	M合計	累計M	PP	累計PP	PP単価	注記
14,240	30,780	1,596	1,366	2,962	2,962	5,812	8,812	5.30	*A*B
18,140	34,980	1,596	524	2,120	5,082	5,812	14,624	6.02	*C
15,340	31,880	1,596	477	2,073	7,155	5,812	20,436	5.49	*C
17,840	34,680	1,596	519	2,115	9,270	5,812	26,248	5.97	*C
13,020	21,240	1,218	318	1,536	10,806	4,432	30,680	4.79	*D
16,640	28,180	2,032	422	2,454	13,259	5,812	36,492	4.85	
13,220	21,240	1,550	318	1,868	15,127	4,432	40,924	4.79	
17,940	34,380	2,032	522	2,554	17,681	5,812	46,736	5.92	
13,220	21,440	1,550	321	1,871	19,552	4,432	51,168	4.84	
	FM合計⇒	14,766							
	258,800								
	29,328								
	229,472								

注記:
*A:ANAカード(普通)入会マイル加算
*B:2021年ボーナスプレミアムポイント加算
*C:スーパーバリュー55運賃
*D:ブロンズスタイタス会員獲得

名古屋発SFC修行案(2021春季限定キャンペーン利用)

回数	日付	曜日	行先	便名	出発	到着	運賃	行先	便名	出発	到着
2	6月5日	土	新千歳	ANA703	9:35	11:20	7,910	中部	ANA706	12:00	13:45
4			新千歳	ANA715	17:25	19:05	7,410	中部	ANA714	19:45	21:30
6	6月6日	日	新千歳	ANA703	9:35	11:20	7,910	中部	ANA706	12:00	13:45
8			新千歳	ANA715	17:25	19:05	7,410	中部	ANA714	19:45	21:30
10	6月12日	土	新千歳	ANA703	9:35	11:20	7,910	中部	ANA706	12:00	13:45
12			新千歳	ANA715	17:25	19:05	7,410	中部	ANA714	19:45	21:30
14	6月13日	日	新千歳	ANA703	9:35	11:20	7,910	中部	ANA706	12:00	13:45
16	6月19日	土	新千歳	ANA703	9:35	11:20	7,910	中部	ANA706	12:00	13:45
18				ANA715	17:25	19:05	7,410	中部	ANA714	19:45	21:30
20	6月20日	日	新千歳	ANA703	9:35	11:20	7,910	中部	ANA706	12:00	13:45
22	6月26日	土	新千歳	ANA703	9:35	11:20	7,910	中部	ANA706	12:00	13:45
24			新千歳	ANA715	17:25	19:05	7,410	中部	ANA714	19:45	21:30
26	6月27日	日	新千歳	ANA703	9:35	11:20	7,910	中部	ANA706	12:00	13:45

略称:
FM:フライトマイル
CM:カード支払いマイル+入会マイル
M:マイル
PP:プレミアムポイント

支払総予算額
ANAコイン獲得
実質支払額

大阪(関西・神戸)発SFC修行案(2021春季限定キャンペーン利用)

回数	日付	曜日	行先	便名	出発	到着	運賃	行先	便名	出発	到着
2	5月22日	土	石垣	ANA1747	9:00	11:35	16,540	関西	ANA1748	12:05	14:35
4	5月23日	日	石垣	ANA1747	9:00	11:35	16,840	関西	ANA1748	12:05	14:35
6	5月29日	土	石垣	ANA1747	9:00	11:35	16,540	関西	ANA1748	12:05	14:35
8	5月30日	日	石垣	ANA1747	9:00	11:35	16,840	関西	ANA1748	12:05	14:35
10	6月5日	土	那覇	ANA2529	17:10	19:20	8,220	神戸	ANA2530	20:00	22:00
12	6月6日	日	石垣	ANA1747	9:00	11:35	11,540	関西	ANA1748	12:05	14:35
14	6月12日	土	那覇	ANA2527	13:40	15:55	8,220	神戸	ANA2530	20:00	22:00
16	6月13日	日	石垣	ANA2527	13:40	15:55	16,440	神戸	ANA2530	20:00	22:00
18	6月19日	土	那覇	ANA2527	13:40	15:55	8,220	神戸	ANA2530	20:00	22:00

略称:
FM:フライトマイル
CM:カード支払いマイル+入会マイル
M:マイル
PP:プレミアムポイント

支払総予算額
ANAコイン獲得
実質支払額

運賃	往復運賃	FM	CM	M合計	累計M	PP	累計PP	PP単価	注記
19,680	39,360	1,454	1,594	3,048	3,048	5,292	8,292	7.44	A*B*C*
14,480	28,960	1,454	434	1,888	4,936	5,292	13,584	5.47	
14,480	28,960	1,454	434	1,888	6,823	5,292	18,876	5.47	
14,480	28,960	1,454	434	1,888	8,711	5,292	24,168	5.47	
14,480	28,960	1,454	434	1,888	10,598	5,292	29,460	5.47	
14,480	28,960	1,454	434	1,888	12,486	5,292	34,752	5.47	*D
14,480	28,960	1,850	434	2,284	14,769	5,292	40,044	5.47	
14,480	28,960	1,850	434	2,284	17,053	5,292	45,336	5.47	
14,480	28,960	1,850	434	2,284	19,336	5,292	50,628	5.47	
	FM合計⇒	14,274							
	271,040								
	29,004								
	242,036								

注記:
*A:ANAカード(普通)入会マイル加算
*B:2021年ボーナスプレミアムポイント加算
*C:スーパーバリュー55運賃
*D:ブロンズスタイタス会員獲得

運賃	往復運賃	FM	CM	M合計	累計M	PP	累計PP	PP単価	注記
9,210	18,420	1,622	276	1,898	1,898	5,904	8,904	6.24	*A*B
9,210	18,420	1,622	276	1,898	3,796	5,904	14,808	6.24	
9,210	18,420	1,622	276	1,898	5,694	5,904	20,712	6.24	
9,210	18,420	1,622	276	1,898	7,592	5,904	26,616	6.24	
9,210	18,420	1,622	276	1,898	9,490	5,904	32,520	6.24	*D
17,110	26,320	2,066	276	2,342	11,832	5,904	38,424	6.24	
9,210	18,420	2,066	276	2,342	14,174	5,904	44,328	6.24	
17,110	26,320	2,066	276	2,342	16,516	5,904	50,232	6.24	
	FM合計⇒	14,308							
	163,160								
	24,774								
	138,386								

注記:
*A:ANAカード(普通)入会マイル加算
*B:2021年ボーナスプレミアムポイント加算
*D:ブロンズスタイタス会員獲得

福岡発SFC修行案(2021春季限定キャンペーン利用)

回数	日付	曜日	行先	便名	出発	到着	運賃	行先	便名	出発	到着
2	5月30日	日	新千歳	ANA1277	8:20	10:40	19,680	福岡	ANA1280	17:20	19:55
4	6月5日	土	新千歳	ANA1277	8:20	10:40	14,480	福岡	ANA1280	17:20	19:55
6	6月6日	日	新千歳	ANA1277	8:20	10:40	14,480	福岡	ANA290	14:05	16:40
8	6月12日	土	新千歳	ANA1277	8:20	10:40	14,480	福岡	ANA1280	17:20	19:55
10	6月13日	日	新千歳	ANA1277	8:20	10:40	14,480	福岡	ANA1280	17:20	19:55
12	6月19日	土	新千歳	ANA1277	8:20	10:40	14,480	福岡	ANA1280	17:20	19:55
14	6月20日	日	新千歳	ANA1277	8:20	10:40	14,480	福岡	ANA1280	17:20	19:55
16	6月26日	土	新千歳	ANA1277	8:20	10:40	14,480	福岡	ANA1280	17:20	19:55
18	6月27日	日	新千歳	ANA1277	8:20	10:40	14,480	福岡	ANA1280	17:20	19:55

略称:
FM:フライトマイル
CM:カード支払いマイル+入会マイル
M:マイル
PP:プレミアムポイント

支払総予算額
ANAコイン獲得
実質支払額

那覇発SFCマイル修行案(2021春季限定キャンペーン利用)

回数	日付	曜日	行先	便名	出発	到着	運賃	行先	便名	出発	到着
2	6月5日	土	羽田	ANA994	10:00	12:25	9,210	那覇	ANA477	15:40	18:20
4	6月6日	日	羽田	ANA994	10:00	12:25	9,210	那覇	ANA477	15:40	18:20
6	6月12日	土	羽田	ANA994	10:00	12:25	9,210	那覇	ANA477	15:40	18:20
8	6月13日	日	羽田	ANA994	10:00	12:25	9,210	那覇	ANA477	15:40	18:20
10	6月19日	土	羽田	ANA994	10:00	12:25	9,210	那覇	ANA477	15:40	18:20
12	6月20日	日	羽田	ANA994	10:00	12:25	9,210	那覇	ANA477	15:40	18:20
14	6月26日	土	羽田	ANA994	10:00	12:25	9,210	那覇	ANA477	15:40	18:20
16	6月27日	日	羽田	ANA994	10:00	12:25	9,210	那覇	ANA477	15:40	18:20

略称:
FM:フライトマイル
CM:カード支払いマイル+入会マイル
M:マイル
PP:プレミアムポイント

支払総予算額
ANAコイン獲得
実質支払額

大阪(関西空港)

駅	始発			終電		
	出発	到着	交通機関	出発	到着	交通機関
大阪	4:57	6:09	JR	23:34	0:34	南海
天王寺	4:52	5:55	JR	23:34	0:29	南海
堺	5:20	5:55	南海	23:55	0:27	南海
京都	5:02	7:20	JR	23:17	0:55	南海
高槻市(阪急)	5:11	6:57	阪急	23:00	0:42	南海
三宮	5:02	6:57	JR	23:17	0:46	南海
宝塚	4:51	6:57	JR	23:17	0:59	南海
明石	4:49	7:20	JR	23:17	1:37	南海
奈良	4:50	6:27	JR	23:17	1:04	南海
和歌山	5:53	6:43	JR	23:43	0:31	JR

大阪(神戸空港)

駅	始発			終電		
	出発	到着	交通機関	出発	到着	交通機関
大阪	5:00	5:57	JR	23:45	0:54	ポートライナー
天王寺	4:52	6:28	JR	23:08	0:23	ポートライナー
堺	5:14	6:57	南海	22:38	0:15	ポートライナー
京都	5:12	6:57	JR	23:22	0:55	ポートライナー
高槻市(阪急)	5:11	6:47	阪急	23:08	0:42	ポートライナー
三宮	5:40	5:57	ポートライナー	23:45	0:05	ポートライナー
宝塚	5:03	6:17	阪急	23:22	0:23	ポートライナー
明石	4:49	5:57	JR	23:45	0:37	ポートライナー
奈良	4:50	7:07	JR	22:38	0:47	ポートライナー
和歌山	4:57	7:38	JR	22:22	0:48	ポートライナー

福岡(福岡空港)

駅	始発			終電		
	出発	到着	交通機関	出発	到着	交通機関
天神	5:44	5:55	地下鉄	0:00	0:12	地下鉄
久留米	4:52	5:55	JR	23:48	1:05	地下鉄
小倉	4:51	6:27	JR	23:33	0:39	地下鉄
飯塚	5:30	6:27	JR	23:33	0:30	地下鉄
筑前前原	5:07	5:55	JR	0:00	0:47	地下鉄
佐賀	5:35	6:54	JR	23:21	0:15	地下鉄
大牟田	5:31	6:54	JR	22:57	0:37	地下鉄

那覇(那覇空港(ゆいレール))

駅	始発		終電	
	出発	到着	出発	到着
旭橋	6:06	6:16	23:30	23:40
県庁前	6:03	6:16	23:30	23:42
牧志	5:55	6:16	23:30	23:46
おもろまち	5:59	6:16	23:30	23:49
てだこ浦西	5:39	6:16	23:30	0:07

マイル修行利用空港の始発&終電一覧

札幌(新千歳空港)

駅	始発			終電		
	出発	到着	交通機関	出発	到着	交通機関
札幌	5:50	6:28	JR	22:53	23:32	JR
小樽	5:39	7:09	JR	22:53	0:58	JR
苫小牧	5:40	6:28	JR	22:53	23:52	JR
旭川	5:18	7:29	JR	22:16	0:30	JR
室蘭	5:25	6:51	JR	22:16	23:44	JR
帯広	5:00	7:30	バス	21:31	23:48	JR

東京(羽田空港)

駅	始発			終電		
	出発	到着	交通機関	出発	到着	交通機関
東京	4:41	5:15	JR	0:05	0:39	モノレール
三鷹	4:35	5:42	JR	23:38	0:51	京急
八王子	4:35	6:09	JR	23:25	0:57	モノレール
町田	4:48	5:49	JR	23:38	0:46	京急
横浜	4:21	5:15	JR	23:50	0:21	京急
厚木	5:04	6:41	JR	23:38	0:54	京急
千葉	4:45	5:59	JR	23:35	0:32	バス
柏	4:47	6:09	JR	23:36	0:53	モノレール
大宮	4:28	5:51	JR	23:25	0:51	モノレール
川越	4:52	6:33	東武	23:25	1:06	モノレール

モノレール:第二ターミナル発

名古屋(中部国際空港)

駅	始発			終電		
	出発	到着	交通機関	出発	到着	交通機関
名古屋	4:10	5:05	バス	0:40	1:35	バス
豊橋	5:53	7:20	名鉄	23:13	1:04	名鉄
近鉄四日市	5:16	6:59	近鉄	22:47	0:13	名鉄
津	5:33	7:20	近鉄	22:17	0:00	名鉄
岐阜	5:13	6:23	JR	23:31	0:34	名鉄
多治見	5:25	6:23	JR	23:31	0:41	名鉄

大阪(伊丹空港)

駅	始発			終電		
	出発	到着	交通機関	出発	到着	交通機関
梅田(阪急)	5:00	5:46	阪急	23:40	0:26	モノレール
天王寺	5:03	6:10	地下鉄	23:14	0:07	モノレール
堺	5:14	6:42	南海	23:14	0:08	モノレール
京都	5:02	6:26	JR	23:30	0:55	モノレール
高槻市(阪急)	5:11	5:58	阪急	23:40	0:23	モノレール
三宮	5:02	6:10	阪急	23:30	0:51	モノレール
宝塚	5:05	5:46	阪急	23:40	0:21	モノレール
明石	4:49	6:42	JR	23:30	1:06	モノレール
奈良	4:50	6:42	JR	23:14	1:04	モノレール
和歌山	4:57	7:16	JR	22:15	0:31	モノレール

お問い合わせ先
〒277-0074
千葉県柏市今谷上町19-22
スタートナウ合同会社 「コロナ時代のマイレージ対策」質問係

なおご質問に関しては、封書にてご送付先（郵便番号、住所、氏名）を明記した返信用封筒（84円切手を貼ったもの）を同封の上、上記までお願いします。ご質問の内容によって、返信に数週間以上要する場合があることをご了解下さい。なお返信用の切手封入がないもの、住所、氏名が不完全なものにはご回答できかねます。また本書で記載の航空会社各社および各企業へのお問い合わせに関しては、弊社は何ら責任を負うものではありません。

取材及写真・画像協力：FEEL CUTURE JAPAN株式会社

コロナ時代のマイレージ対策

2021年4月20日発行

著　者　櫻井雅英　©2021 Masahide Sakurai
発行人　櫻井昇子
発行所　〒277-0074　千葉県柏市今谷上町19-22　スタートナウ合同会社
発売元　〒162-0811　東京都新宿区水道町2-15　株式会社玄文社
デザイン：ELABORATE［イラボレイト］
印刷・製本　新灯印刷株式会社

ISBN978-4-905937-52-4 Printed in Japan